침략전쟁

역사적 사실과 역사인식

기모노를 입은 한국 황태자(영친왕)과 이토 히로부미 伊藤博文

침략전쟁

고케츠 아츠시 지음 | 박인식·박현주 옮김

『한국어판 서문』

 이번에 나의 저서 《침략전쟁》이 한국어로 번역되어 한국 독자들에게 소개되는 것이 나로서는 큰 영광이 아닐 수 없다.
 필자는 전후 출생한 역사정치학연구자로서, 최근의 소위 '역사 수정주의' 움직임에 심각한 위기감을 떨쳐 버릴 수가 없었다. 전후 일본의 첫 출발점은 무엇보다도 전전戰前의 조선, 대만의 식민지지배를 위해 침략을 자행한 것을 인정하고 침략전쟁에서 전개된 민족말살과 억압의 역사적 사실을 인식함으로써 혈육화하는 것이었다.
 그것은 동시에 아시아 태평양전쟁이 침략전쟁이라고 하는 것을 인정함으로써 아시아 민중과의 화해와 공생의 관계를 이룩하는 것이라고 여긴다. 그런데 최근 과거 식민지지배의 과정에서 생긴 민족차별을 '족융화'로, 민족 억압을 '민족일체' 등의 용어를 사용하여 은폐하면서 그 강권적 지배를 왜곡하는 역사해석이 횡행하고 있다. 그러한 역사해석을 여기에서는 '역사 수정주의'라고 부른다.

이러한 움직임은 오늘날의 정치과정에서도 이루어지고 있다. 그 예로, 고이즈미 준이치로小泉純一郎 수상의 야스쿠니靖國신사 공식 참배를 긍정하고 지지하는 그룹이 일본 내에서 생겨나고 또 그것을 국가주의적인 운동으로 증폭시키려 하고 있으며, 이미 이러한 내용들이 검정교과서에도 기술되어지고 있다.

이러한 제반 역사 문제는 아직도 해결되지 않고 있으며 이대로 두게 되면 일본의 국가주의적 군국주의적인 여론이 한층 더 형성되어 장래 국제정책에서 더욱 심각한 문제가 될 것이다.

필자는 요즘 많은 곳에서 객관적인 역사서술의 필요성이 점점 불가결한 시대 상황임을 강력히 주장해 왔고 논문으로도 발표해 왔다. 이러한 발언이나 논고 안에서 1999년에 《침략전쟁》이라는 제목을 붙여 한권의 역사논집을 출판하는 기회를 갖게 되었다.

《침략전쟁》은 일본 국내에서 예상외의 반향을 얻어 많은 서평을 획득할 수 있었다. 그 배경에는 일본 내에 역사의 날조나 왜곡에 위기감을 느끼고 과거의 역사로부터 교훈을 배워서 당연한 역사인식을 가지지 않으면 일본이 과거 여러 아시아 국가를 식민지화하고 침략한 사실로 인하여 이들 국가와의 우호관계가 성립될 수 없다고 생각하는 많은 독자가 존재하고 있다는 것을 보여준 계기가 되었다.

그 같은 현실에 용기를 얻어 필자는 이 책이 아시아의 다른 국가 사람들에게도 읽혀져 많은 일본인이 화해와 공생에 대해 진지하게 생각하고 있다는 것을 알리고 싶은 마음을 갖게 되었다.

그것을 잘 알고 있는 필자의 제자인 박인식 씨와 연구원인 박현주 씨가 번역 일을 맡아 해주었다. 이 두 사람에게는 표현할 수 없을 만큼 감사의 마음을 전하면서 이번 번역을 계기로 두 사람의 헌신적인 번역 성과가 한국사회에서도 값진 업적으로서 인정받기를 바라는 마음 그지없다.

그리고 또 한 가지 바람이 있다면 본서가 한국과 일본의 우정을, 역사를 초월하여 한층 깊게 하는 매개체로써 도움이 되었으면 좋겠다는 생각이다.

마지막으로 한일 역사를 잘 이해해주시고 언제나 다정다감한 정으로 많은 일들을 도와주신 한국 최고의 언론사학자 한국외국어대학교 명예교수 정진석 선생님께 감사의 말씀을 드리며 아울러 그동안 《침략전쟁》에 대해서 아낌없는 조언과 협조를 해주신 동경학예대학의 이수경 선생님께도 지면을 통해 감사의 말을 전하고 싶다.

그리고 최근 일본이나 한국 두 나라 모두 출판계가 어려움을 겪고 있는 가운데 한국의 유수출판사 중 하나인 범우사에서 필자의 책이 발행되게 된 것을 큰 영광으로 여기며 이 기회에 범우사의 윤형두 회장님, 윤재민 사장님, 그리고 양필성 팀장님을 비롯한 여러 편집자 분들께 진심으로 감사의 인사를 드리고 싶다.

2006년 7월 1일
저자 고케츠 아츠시 纐纈厚

머리말

역사의 망각과 기억의 사이에서

"권력에 대한 인간의 싸움이란
망각에 대한 기억의 싸움일 수밖에 없다." -밀란 쿤데라-

　최근 역사해석의 수정과 역사적 사실의 왜곡의 움직임이 하나의 세계사적인 조류로서 일본에도 흘러들어 와 있다. 그 한 무리가 스스로를 '자유주의 사관' 그룹이라고 자칭하며 일본 근현대사의 수정작업을 통해 일정한 지지를 모으고 있다.
　그들의 역사서술의 내용과 방법은 지극히 단순하지만 젊은 청년층을 포함해서 많은 지지와 공감을 얻고 있는 것 같다. 하지만, 그 지극히 자의적이며 편의주의적인 역사해석이나 역사연구의 기본인 역사적 사실의 실증적 면에서 많은 의문을 내재하고 있는 것 역시 주지의 사실이다.
　이러한 역사적 사실과 해석을 둘러싼 움직임 속에서 내가 특히 문제 삼고 싶은 것은 역사인식에 관한 점이다.

필자 자신은 요즘 역사연구의 목표를 역사적 사실의 실증과 그 사실로부터 현재와 미래의 바람직한 새로운 역사형성의 소재를 획득하는 것에 두어 왔다. 바꿔 말하면, 발터 벤야민이 "과거를 역사적으로 관련짓는 것은, 그것을 '원래 있었던 대로' 인식하는 것은 아니다. 위기의 순간에 번뜩 떠오르는 것 같은 회상을 사로잡는 것이다."(역사철학의 테제)라고 말한 것처럼 역사적 사실을 정확하게 서술함과 동시에 실증에 의해 확인한 역사적 사실을 어떻게 인식할지의 작업을 통해서 현실 사회나 세계를 보다 좋은 방향으로 이끌어 가는 이정표로써 활용해 가는 것이다. 거기에서는 자의적이며 편의주의적인 역사해석은 절대로 용서될 수 없는 것이다.

　오늘날에 역사 수정의 세계사적 조류는 역사적 사실을 부정·왜곡하는 것으로부터 자의적인 역사해석 등의 어떤 정치목적을 달성하기 위해서 여러 가지 장식들을 응집시킨 역사서술까지, 실로 다양한 형태로 표출되고 있다.

　더군다나 오늘날의 역사서술의 기본은, 벤야민이 말하는 역사적 사실의 직접적인 인식에 머무르지 않고 그것을 어떻게 이 역사위기의 시대에 위기를 극복할 무기로서 활용해 갈 것 인가하는 과제설정이나 문제의식의 질이 요구되어지고 있다고 생각한다. 그렇지 않으면 역사 수정주의의 조류나 그것의 일본판인 '자유주의 사관' 그룹의 '역사 재정의' 운동에는 충분히 대항해 나갈 수 없을 것이다.

필자는 역사위기의 시대에 있어서 그러한 위기를 극복하고 역사를 현재와 미래를 만들어 가기위한 유효수단으로 하여 주체형성의 근거로 삼기 위해서, 역사적 사실의 확인과 역사인식의 깊이를 요구해 가고 싶은 것이다.

그러한 문제의 관점을 구체적인 예를 들어 덧붙인다면, 전후 일관되게 아시아 태평양전쟁의 해석과 인식을 둘러싼 분립상태가 계속되고, 그 한편에서 '침략전쟁론'의 청산이 의도되어져 왔다. 패전 50년을 맞아 기획된 '사죄·부전결의謝罪不戰決意'의 국회 결의에 의해 청산의 움직임은 한층 박차를 가하게 되었다. 지극히 가치중립적이며 애매모호하기 짝이 없는 국회결의의 내용조차 청산을의도하는 사람들은 초조감을 가지고 그 해석에 있어서의 주도권 확보를 서둘렀다.

그들에게 있어서, 전후 민주주의나 평화주의가 침략전쟁의 패배를 계기로 획득된 것이며, 일본의 패전은 중국을 비롯한 아시아의 여러 피 침략 국가들의 국민들에 의한 파시즘 국가 일본에 대한 저항과 반발에 따른 결과라는 역사적 사실이나 역사인식은 도저히 받아들일 수 없는 것이다.

왜냐하면, 전후 민주주의나 평화주의는 천황제로 집약되는 전쟁전의 가치관이나 정치사회제도의 부정 내지는 극복을 전제로 한 것이며, 그들이 말하는 국가관이나 국가제도의 복권의 가능성을 전면적으로 폐쇄하는 것이라고 이해되고 있기 때문이다.

그러므로 그들이 목표로 하는 국가나 국가제도의 복권을 실현시키기 위해서 우선 전후 민주주의나 평화주의의 기점이라고도 할 수 있는 아시아 태평양전쟁이 침략전쟁이 아니고 자위를 위한 전쟁이며 아시아 해방을 위한 전쟁이라는 역사해석을 들고 나오는 것이다.

아시아 태평양전쟁에 관한 여러 연구들이나 전쟁관에서 알 수 있듯이, 많은 일본인들이 아시아 태평양전쟁을 침략전쟁이라고 명확히 규정하고 있으며, 침략전쟁 혹은 극히 침략성이 높은 전쟁이라는 인식을 품고 있는 것은 틀림없는 사실이다.

그럼에도 불구하고 그것이 동시에 전쟁책임이나 가해책임의 문제로까지 의식화되어 있지 않다는 것도 분명하다. 즉, 일본인의 전쟁인식이 여전히 확립되어 있지 않다는 것이다. 그것이 바로 침략전쟁에 대한 부정론자들의 중요한 목표물이 되고 있는 것이다.

역사적 사실의 은폐나 망각, 그리고 자의적인 역사해석의 강요는 일본의 현행 헌법이 표방하는 역사인식을 부정하고 포스트 냉전시대에 적합한 새로운 국민의식인 제국의식의 배양을 꾀하려 했던 것이라 생각된다.

포스트 냉전시대를 맞이하여 신세계질서 즉, 신체제 창출의 과도기에 들어온 지금, 상호의존체제의 심화와 위협 혹은 확산이라고 하는 모순 된 현상이 가장 첨예화한 형태로 표출되는 아시아지역에서 끝까지 일본이 패권주의를 관철하려고 한다면 국가조직의 긴축은 강해지는 일은 있어도 약해지는 일은 결코 없을 것이다.

이 제국의식의 기반은 이미 경제대국의식에 의해 테두리가 형성된 것이지만 그것은 자민족 중심주의로 유지되어온 역사 관념의 특징이라고 할 수 있다. 거기에서는 민족의 역사총체가 일괄적으로 영광의 역사로서 평가되어 정당화된다. 게다가 아시아 태평양전쟁은 일본 민족의 역사에 있어서 패배의 유산이 되어서는 안 되며, 그 전쟁목적에 있어서 일본 국가와 일본 민족 발전을 위한 큰 시도였다고 하는 역사해석이나 인식이 불가결한 것이다.

동시에 세계적인 관점에서 눈여겨 보아두는 것도 잊어서는 안 된다. 그것은 '역사 수정주의자' 또는 '역사 부정주의자'라고 불리는 '역사 재검토'라는 논자들의 세계적인 움직임과의 일종의 연동성의 문제이기도 하다.

독일에서의 역사적 사실의 상대화의 옳고 그름을 둘러싼 '역사가 논쟁'은 독일 나치즘이 저지른 죄의 절대적인 악을 상대적인 악으로 격하시켰으며 게다가 나치에 의한 유대인 학살이나 가스실 존재의 부정론을 이끌어 냈다. 역사 수정주의자들은 실증적인 역사연구를 전문적으로 하는 직업적 역사가들이 아니기 때문에 학문상의 논쟁의 상대는 아닐지라도 사회적인 영향력은 결코 무시할 수 없는 것이다.

역사 수정주의자들의 기본적인 목표는 역사의 창조주체로서의 개인의 역할을 부정하고 역사를 관리·수정하는 주체로서 국가를 전면적으로 평가하는 것이다. 따라서 국가에게 불리한 여러 가지 역사적 사실은 의도적·임의적으로 말살·은폐 하려한다. 역사 수정주의의 본고장이라고도 말할 수 있는 독일에서는 나치즘의 침략 사실을 은폐·왜곡하고, 미국에서는 '자유압력단체'가 지원하는 '역사수정회의' 등이 그 역할을 짊어지고 있다. 또한, 프랑스에서는 국민전선으로 결집한 사람들이 프랑스 공화제의 '역사 재검토'를 강요하고 있다.

우리들에게 요청되어지는 것은 역사의 관리자로서 과거의 역사를 은폐·왜곡하려고 하는 국가와 그러한 노선에 충실한 정치가나 역사 수정주의자들의 범죄성을 고발하여 국가로부터 '역사 되찾기'를 서두르는 것이다. 이 같은 위험성을 자각하면서 '역사 재검토'의 움직임을 막기 위해서는 보다 강한 역사의식이나 인식을 단련해 가는 수밖에 없다. 우리들은 지금이야말로 과거의 극복과 동시에 역사 되찾기라는 과제를 짊어지게 된 것이다. 이것과 관련해 우리들은 검토해야 할 몇 가지 과제를 안고 있다.

그중에 하나는 역사의 망각과 기억의 문제인 것이다. 전자에 대해서는 강상중姜尙中(도쿄대학교 사회정보 연구소 교수) 씨가 이미 역사의 망각이라고 하는 용어로 날카롭게 지적했지만 과거를 은폐하려고 하는 국가와 과거를 망각하려고 하는 국민을 동시에 고발하는 것을 통해서 역사 되찾기와 역사인식의 공유가 요구되어지고 있으며 그것이 피 침략국가 및 국민·민족과의 화해의 첫걸음이 될 것이다.

그렇기 때문에 침략의 역사적 사실을 상대화하고 침략전쟁을 단순한 과거사건으로 몰아 붙여 현재로서의 과거라는 역사를 보는 중요한 시점을 완전히 말소하려는 움직임에는 이의를 제기하지 않으면 안 될 것이다. 과거사건이라고 할 경우, 그것은 침략전쟁이라는 일본의 치부에 해당하는 역사적 사실만이 선택되어 망각의 대상으로 삼는 것은 지극히 악질적인 역사해석이다.

그렇게 의도된 역사 망각의 진행에 피 침략국가의 사람들은 한층 더 불신감을 안게 될 것이다. 왜 히로시마廣島와 나가사키長崎의 원폭투하, 시베리아 억류 등은 강하게 기억되고 필리핀 바탄의 죽음의 행진, 난징 대학살사건, 싱가포르 학살사건, 마닐라 약탈사건, 베트남 1945년의 기근 등은 망각이 되는가 라는 문제이다. 망각과 기억에 의해 역사적 사실이 구실 좋게 재형성되어 가는 사태야말로 지극히 우려해야 하는 것이다.

기억과 망각의 자의적인 조작 속에서는 역사적 사실의 확인과 미래를 향한 역사인식의 깊이는 기대할 수 없다. 침략의 역사적 사실과 가해의 역사적 사실을 마음에 새김으로 인해 보다 사회적인 가해의 주체와 피해의 주체를 명확히 하는 작업을 소홀히 해서는 안 되는 것이다. 전쟁의 책임 문제가 논의 될 경우, 단락적인 가해론이나 피해론 혹은 적과 아군론의 논의에 수렴시켜버리는 것이 아니고, 우선 어떻게 하면 현재로서의 과거와 자신과를 접전시키는 것이 가능한 지 그리고 어떻게 하면 역사의 주체자로서의 자기를 획득할 수 있는지에 대한 과제가 설정되어야 할 것이다.

  이 과제 설정이 심각하고 진지하게 논의 되지 못했기 때문에 역사의 암부를 은폐하고 과거를 고쳐 쓰도록 요구하는 국가 역사의 통제에 유효한 대응을 할 수 없었던 것이 아닐까? 동시에 전후 평화주의나 민주주의의 내실을 깊이 파악하지 않고서 이익 유도형이나 이익 제일주의적인 적극적인 과제에 대해 무조건적인 예찬 가운데에서 무의식적으로 과거의 망각에 손을 빌려줘 온 것이 아닐까?

  오늘날까지 아시아 태평양전쟁이라는 역사의 사실은 충분히 논증되어져 왔다. 전후 일본인의 전쟁관이나 역사해석만 하더라도 대부분 일본의 침략전쟁에 대한 역사적 사실을 진지하게 배우려고 하였다. 또한, 침략전쟁을 계속 고발함으로써 과거를 철저히 비판하고 그것에 의해 과거를 극복하고 동시에 침략전쟁을 일으킨 전전 사회와 상당히 연속성을 내포하는 전후 사회도 총체적으로 비판함으로써 있어야 할 이상사회의 구축을 실현하려고 하는 운동이나 사상이 전개되고 깊어진다.

  그것이야말로 현재로서의 과거를 정면에서 바로 지켜보는 것이다. 그 점에서 과거를 단지 시간 계열적인 사건이라고 정리해버리는 것은 결코 용서되어서는 안 될 것이다. 그것과 동시에 역사적 사실의 왜곡과 은폐를 통해 어떤 정치적 목적을 위하여 역사를 날조하는 것은 가장 비열한 행위이다. 소위 '영미동죄사관英美同罪史觀', '자위전쟁사관自衛戰爭史觀', '아시아 해방전쟁사관', '순국사관殉國史觀', '영령사관英靈史觀' 등의 역사관이 이것에 해당될 것이다.

이들 역사관에 공통되는 것은 어떤 것이든 다른 사람들에 의해 행해진 범죄에 의해 다른 사람들이 짊어지는 죄가 상대적으로 경감된다고 하는 인식을 갖는 것이다. 이것이야말로 분명히 역사책임을 포기하는 사고방식이며 역사적 사실을 정면에서 바로 보지 않으려는 무책임한 자세다. 이런 식으로는 역사 속에서 살아가는 사람들 사이에서 당연히 가져야 할 역사인식의 공유와 이해의 평화적 공존관계를 창조하려는 평화사상은 도저히 태어날 수가 없는 것이다.

그러한 과제를 염두에 두면서, 필자는 현대사 연구자의 한사람으로서 특히, 아시아 태평양전쟁이란 도대체 어떤 시대였으며 어떤 전쟁이었는지 거기에서는 전쟁에 이르기까지 그것을 수용해 가는 침략사상이 어떤 단계와 사상적인 변천을 거치면서 어떤 사상가들에 의해 창출되어 갔는지 또, 전쟁에 이르는 국내의 정치동향, 그 중에서도 특히 천황 주변이나 군부의 동향은 어떤 것이었는지를 계속 추구해 왔다.

그것과 동시에 전쟁이라고 하는 정치상황 속에서 그것에 관련되지 않으면 안 되었던 사람들에 관해서나 전쟁에 의한 억압체계 속에서 사람들이 어떤 운명을 걷지 않으면 안 되었는가를 기록하여 전하는 것이 새로운 전전의 시작이라고도 할 수 있는 오늘날의 상황에서 반드시 필요한 것이라 생각하였다.

 그리고 침략전쟁으로서의 아시아 태평양전쟁의 진실에 접근하려는 시도는 금후에 있어서도 모든 기회를 통해서 계속하지 않으면 안 된다. 현재가 역사의 위기의 시대라면 더욱 더 심각하다. 이 전쟁이 우리들에게 던져주는 과제는 매우 많다. 이 책은 그런 과제에 진지하게 접근하려는 필자 나름대로의 자그마한 작업의 하나인 것이다.

목 차

한국어판 서문 __ 4

머리말 __ 8

제1장 침략사상의 원류를 파헤친다
1. 침략사상과 민족차별 의식의 형성 __ 23
   - 청일·러일전쟁 이전
2. 대륙국가 일본의 형성 __ 43
   - 청일·러일전쟁 이후

제2장 중일전쟁에서 미일 전쟁으로
1. 미일전쟁과 전쟁국면의 전개 __ 61
   - 아시아 태평양전쟁으로의 과정
2. 영·미·일英·美·日의 전쟁지도체제와 일본의 작전 용병술 __ 70

제3장 독일獨日 동맹관계의 행방
1. 독·일·이獨·日·伊 삼국동맹 체결과 일본의 진로 __ 87
   - 아시아 태평양전쟁의 배경과 전개
2. 일본은 왜 대영미對英美전쟁의 결단을 내렸는가 __ 107
   - 개전開戰의 진상
3. 일본 해군의 대미對美 인식과 미·일美·日 개전 __ 116
   - 접근해 있던 미일 해군전력

제4장 국체호지國體護持와 지배층의 온존 시도
1. 포츠담 선언의 수락 지연배경 __ 127
   - 국체호지에 대한 집착
2. 종전공작의 진상과 원폭투하 __ 144
   - 지배층 온존의 시나리오

제5장 천황제 군대의 특질과 전쟁의 실태
1. 왜 잔학행위로 치달았나 __ 155
   - 천황제 군대의 특징
2. 오키나와전과 비밀전 __ 174
   - 오키나와에서 일본군은 무엇을 했는가

제6장 남은 과제는 무엇인가
1. 미국의 일본 점령과 안보·자위대 __ 215
   - 새로운 전전戰前의 시작
2. 전쟁 전후를 잇는 것 __ 238
   - 잠재하는 전전 사상의 위험성

주요 참고 문헌 일람 __ 253

제1장
침략사상의 원류를 파헤친다

봉천奉天(현 선양) 관동군 사령부(당시 동양척식지점)

1. 침략사상과 민족차별 의식의 형성
- 청일·러일전쟁 이전

일본 전국의 유지들이 조선과 중국을 중심으로 하는 아시아대륙에 대한 관심을 가지기 시작하는 것은 에도江戸시대 후기부터 막부幕府시대 말기까지 거슬러 올라간다.

청일전쟁 전후에는 다양한 아시아 이론이 전개되지만 그런 모든 것이 아시아대륙이야 말로 일본 자본주의의 발전에 불가결한 시장의 제공지역이나 자원의 공급지역이며 일본의 정치적 군사적인 패권의 대상지역이라고 하는 쇼와昭和시대(1962~1989)초기의 아시아대륙 침략사상으로 반드시 귀결되는 것은 아니었다. 그렇지만 아시아를 논하는 것은 동시에 국가나 민족의 장래상을 논하는 것이 되기 때문에 필연적으로 일본과 아시아와의 관계를 어떻게 정립할 것인가가 항상 중요한 테마로 요구되어져 온 것만은 틀림없다.

더욱이 그러한 아시아 이론이 기본적으로는 아시아에 대한 서구 열강의 침략이라고 하는 역사적 사실에 자극받아 전개된 적도 있어서 침략의 대응이라고 하는 무거운 과제가 여러 가지 아시아 이론을 매개로 대륙 침략사상의 형성으로 연결되는 내발적인 에너지를 불러일으킨 것이다. 또한, 그것은 국가권력이 밖을 향한 팽창주의, 군사력에 의한 영토확장이라는 침략주의, 민족적 우월성을 과시하는 민족주의를 특징으로 하는 일본 근대화사상 그 자체를 준비하는 동시에 일본인 속에 소위 제국의식을 키워 나가게 된 것이다.

일본의 근대화는 한쪽 측면으로는 침략사상을 기반으로 하면서, 제국의식을 내재화 시키는 역사과정이었던 것이다. 일본의 근대화 과정에서 재생산된 제국의식은 아시아 태평양전쟁에서 일본의 패배에 의해 해체되었어야 하지만 현재의 일본 국가 및 일본인에게서 완전히 불식되었다고는 말하기 어렵다.

오히려 최근의 상황은 제국의식이 소생하고 증폭되어 가는 현실에 있다. 그것은 유엔 안보리 상임이사국에 들어가는 것을 지지하는 여론이 일고, 대국의식이나 종군위안부 문제로 상징되듯이 전쟁책임이나 전후 책임 문제를 회피하려는 의식이 확실하게 내포되어 있다.

아래에서는 침략사상이나 제국의식의 원류를 살피고 그 형성과정을 추구해보고자 한다.

침략사상의 원류와 그 책임자들

일본의 대륙 침략사상의 원류를 더듬어 가다보면 에도시대 후기에

《삼국통람도설三國通覽圖說》(1785년)이나 《해국병담海國兵談》(1791년)을 저술한 하야시 시헤이林子平와 《서역이야기西域物語》(1798년) 나 《경세비책經世秘策》(1798년)을 저술한 혼다 도시아키本多利明와 연결된다.

그러나 시헤이가 남하정책을 추진하는 러시아의 위협과 이웃한 거대국가 중국의 잠재적 위협에 대항하는 해방론을 주장한 반면, 도시아키는 조선과 중국에 한정하지 않고 아시아 전역을 시야에 넣는 무역입국론을 주장한 점에서 양자의 차이는 명확했다. 단지, 시헤이가 국방상의 관점에서 에조蝦나 류큐琉球(지금의 일본 홋카이도北海道와 오키나와沖繩)와 같이 조선을 긴요한 땅이라고 한 것은 중요한 의미를 지니고 있다. 즉, 시헤이는 러시아의 위협에 대항하기 위하여 조선을 영유할 필요성을 주장한 최초의 인물이었다.

도시아키는 경제적 자립의 길을 설명하고 비군사적 수단에 의한 일본의 발전을 지향한다. 경제적 자립의 기반으로서 해양을 이용하고 동남아지역을 포함한 아시아지역에서 일본의 발전기반을 추구하는 것을 강조한 것이다. 그것은 메이지明治시대 초기부터 등장하는 '남진론南進論'의 싹이라고도 해야 할 것이었다. 그 점에서 보면 시헤이의 군사주의적인 러시아 위협론과 조선 영유론이야말로 메이지 초기부터 중기에 걸쳐서 매우 화려하게 전개되는 대륙 침략사상의 원류라고 말할 수 있다. 그리고 도시아키의 지론은 해군의 군사관료를 중심으로 주장되던 남진론의 출발점을 일컫는 것이었다.

그런데 시헤이가 쇄국의 불이익을 날카롭게 지적하고 쇄국정책의 재검토와 국방사상의 보급을 제일의 목적으로 하는 한, 그것은 일종의 개명開明사상의 부류에 속한 것으로 여겨져 왔다. 한편, 이후에 천황제 지배원리로 각인되는 것처럼 일본 민족 우월주의를 기초로 하면서 매우 선명한 침략주의를 전개하고 천황제의 지배원리에 잠재해 있는 침략사상을 솔직히 논한 사상가로서 사토 노부히로佐藤信淵가 있다. 사토 노부히로는 《우내혼동비책宇內混同秘策》(1823년)에서 '천황의 큰 나라는 대지에 생겨난 최초의 나라로서 세계 만국의 근본이니라' 라고 기록하여 일본이 세계의 중심국이며 세계의 모든 지역은 '천황의 큰 나라' 즉, 천황제 국가 일본에 종속하여 천황이야말로 유일한 지도자라는 강렬한 자민족 지상주의를 사상형성의 출발점으로 하였다.(하시카와 분조橋川文三, 마츠모토 산노스케松本三之介편 《근대 일본정치사상사》 유희각 참조).

또한, 천황제 국가인 일본에 제일 먼저 종속되어야 할 지역은 중국이며, 우선 그 일환으로 '중국의 만주처럼 간단히 손에 넣을 수 있는 것은 없다' 라고 중국 동북부(만주지역)의 탈취를 제언한다. 단지 노부히로의 가장 장기적인 국가전략은 중국 동북부를 일본이 탈취하고, 러시아의 위협으로부터 해방시킨 다음, 일본의 국력증진을 위한 경제적 적지로서 동남아시아로 남진을 하는 것이었다.

그것은 러시아의 위협이라고 하는 위기설정 속에서 중국의 탈취가 천황제 국가의 지배원리에 합치되는 것이라고 인식하고 있었던 점에서 그 이후의 일본 육군의 만주 점령계획의 동기부여와 흡사하다. 사실, 1920년대 후반부터 30년대 초에 걸쳐서 군부나 우익들을 중심으로 하는 대륙침략행동의 획책 속에서 노부히로의 침략사상이 반복되어 차용되게 되는 것이다.

권력투쟁으로 출발한 조선 영유론

운요호(雲揚號)사건 (1875년 9월)

메이지 정부 내의 권력쟁탈을 둘러싼 내분 속에서 1873년에 등장한 사이고 다카모리西鄕隆盛에 의한 '정한론'이 권력탈취의 수단으로써 힘을 얻게 된다. 그것은 국민개병을 골자로 하는 징병제 시행에 의한 사족士族의 군사부문에 있어서의 독점적 지위의 박탈이나, 메이지 근대 국가의 봉건제의 불식과정에 있어서 사족의 특권계급 상실의 위기감을 동기로 해서 메이지 근대화에 대한 이의제기 행위라고 하는 형식을 밟으면서, 조선에 대한 군사침략에 의한 사족제 군대의 유효성을 발휘하게 한다는 내용이었다.

여기에서 문제는 정한론의 동기가 어떻든 간에 한반도의 영유에 의한 국내의 권력관계의 조정이 시도되고 국내 위기의 해결이 목표가 된 점이다. 정한론을 둘러싼 권력쟁탈극은 그 뒤 일본의 대륙 침략사상이 국내의 정치적 문제와 관련되고 그와 동시에 국내 권력구조의 변동으로 규정되면서 그 틀이 형성되어 가는 것을 예측케 하는 것이었다.

즉, 항상 대외 위협론에 의한 위기설정이 국내의 여러 가지 모순을 해소하는 유효한 수단으로써 사용된 것이다. 거기에서는 상대의 질이나 실태는 문제가 되지 않는다. 요컨대, 위기를 설정하는 측인 일본인 혹은 일본 정부에 의한 자기본위의 침략사상이 재생산되는 구조와 체질이 일본의 침략사상 발생 당시부터 강하게 몸에 배어있었던 것이다.

대륙 침략사상의 기본적 구조가 국내 권력구조의 성격을 반영한 것으로 존재하고, 또 그것이 국내 권력구조의 변천에 의해 좌우되면서 계속 표출되어지는 경향이 지속적으로 이어져 침략사상은 실로 다양한 사람들에 의해 다양한 형태로 전개되었다. 동시에, 침략사상에 내발성과 외발성이라는 것이 있다면 일본의 대륙 침략사상은 지극히 내발성의 성격을 강하게 띠고 있기 때문에 위기설정과 위협의 대상은 항상 국내의 정치사회 상황이나 권력구조의 변화에 의해 규정되어지는 경향을 가지고 있었다.

그것은 객관적인 위기가 존재하지 않을 경우라도 국내의 여러 모순의 존재나 권력 강화 수단의 지극히 유효한 방법으로써 임의로 위기나 위협의 대상을 설정하는 것을 가능케 했다. 실제로 일본의 침략사상은 객관적인 이유 부여가 결핍되었고 주관성에 의거한 실태를 수반하지 않으면 안 되었기에 일정한 정치력으로써 힘을 발휘하기 위해서는 특수한 이데올로기 장치를 전부 가동시킬 필요성이 있었다.

그 때문에도 여러 가지의 수사법을 사용하여 침략전쟁의 객관적 합리성의 결여를 보강시키지 않으면 안 되었다. 그 결과, 후에 천황제가 유력한 수사법의 소재로써 활용되어지는 사태가 불가피하게 되었다.

이러한 시점에서 보면 정한론은 일본 국내의 사족권력의 복원을 목적으로 한 일종의 권력 쟁탈과정에서 파생한 것이었으며 서구 열강의 아시아 침략이라고 하는 위기인식으로부터 선택된 행위가 아니라 침략의 사실에 촉발되어서 조선 영유를 논하게 된 것에 지나지 않는다.

결국 정한론은 서구 열강의 외압으로부터 한반도을 방위하고 한일연계의 틀을 구축하고자 했던 것은 결코 아니었다. 그것은 사이고 다카모리 자신이 '내란을 갈망하는 마음을 밖으로 돌리고 나라를 일으키려는 원거리 책략'(1873년 8월《대 사이고大西鄕 전집》제2권, 헤본사)에서 이타가키 다이스케板垣退助에게 써 보낸 것처럼, 권력 내부의 조정 실패로부터 파생한 사이고 등의 권력탈취의 수단에 지나지 않았다.

근대화 촉진을 위한 침략이론

자유민권사상의 국권론은 메이지 전제 정부의 권력개념의 대항논리로써 성립되어 민권에 의한 전제 정부의 권력개념의 근본적인 시정을 요구한 것이다. 따라서 자유민권론자가 메이지 전제 정부와의 기본적인 대항축을 형성하는 한, 그와 같이 아시아적 봉건제에 의해 권력으로부터 소외되어 강권지배를 강요당하고 있는 아시아 인민과의 연대와 그러한 전제권력으로부터의 해방을 아시아 인식의 기본으로 두고 있다는 것은 이해가 된다.

예를 들면 스기타 준잔杉田鶉山은 《동양회복론東洋恢復論》(1880년)이나 《흥아책興亞策》(1883년)에서 전제권력에 의한 압정으로부터 아시아 인민이 해방되기 위해서는 연대를 통해서 아시아에서도 민권론의 확장이 불가결하다고 주장하였다. 거기에서는 조선과 중국을 비롯한 아시아는 지원의 대상일지라도 결코 침략의 대상은 아니었다. 다른 민권론자들도 준잔만큼 명확한 자세를 갖고 있지 않았다 하더라도 민권론자들 대부분에게 거의 공통되는 아시아관은 메이지 정부의 전제권력 타도와 아시아 지역에 있어서 전제권력으로부터의 인민의 해방이며 그것이 민권론의 정치목표로서 강하게 의식되었던 것이다.

그런데 준잔은 중국(청나라) 방문의 체험을 바탕으로 일본으로부터 지원이나 연대에 의해서 중국 인민이 자력으로 전제권력을 타도할 가능성은 전무하다고 판단하여 그 같은 봉건적인 전제권력이 서구 열강의 침략을 저지하는 것은 도저히 불가능하다는 결론에 달한다. 준잔은 《동양공략》(1886년)에서 서구 열강의 침략 대상이 일본이 된다는 것은 불가피하며 중국 지원에 정력을 할애하는 것보다도 '오히려 나를 키워서 그것을 확고히 하여 그와 같은 편에 들어간다'는 이론에 의하여 서구 열강의 침략을 회피해야 한다고 논한 것이다.

여기에는 자유민권론자 준잔의 아시아에 대한 인식에 대해서 이른바 전향이 이루어진 셈이지만 그 배후에는 중국의 현실을 경험한 것에서 기인하는 중국에 대한 차별과 멸시라는 관념이 서구 근대화의 실제를 견문하는 과정에서 배양된 것이다. 그러나 준잔은 서구 열강에 의해 반식민화 상태로 놓여지고, 더구나 봉건적 전제권력에 의한 자원의 불평등한 분배가 중국의 정치적 및 경제적 혼란의 근본적 원인인 것을 이해하려고는 하지 않았다. 단지, 서구의 근대화와의 대비 속에서 중국의 비근대화의 현실을 해석하고 있었던 것에 지나지 않는다.

준잔의 주장의 근저에는 서구 열강이 자원공급지로서 식민지경영에 착수함과 동시에 일본의 근대화를 위해서는 조선과 중국을 침략하고 서구류의 근대화를 긴급 과제로 설정하는 것이 보다 중요하다고 하는 의심의 여지도 없는 침략사상이 몸에 배어있었던 것이다. 그 결과, 준잔의 주장에서도 이해할 수 있듯이 아시아의 희생 속에서 일본의 근대화, 즉 한 나라의 번영을 얻으려는 국가 에고이즘에 직결하는 침략사상이 근대화의 논리에 의해 형성되어 온 것을 확인할 수 있다.

게다가 서구 열강의 침략에 대한 위협은 관념으로서는 존재할 지라도 그 이상으로 아시아를 희생하고 수탈하는 것으로 근대 국가 일본의 건설을 꾀하는 것이 정당한 논리로서 정착해 간다. 그 점에서는 권력쟁탈의 한 가지 수단으로서의 대륙침략이라는 입장과 더불어 근대화를 위한 침략이라는 내용성도 포함되어 온 것이다. 이른바 '근대화를 위한 침략'의 인식이 민권론자뿐만 아니라 지배층이나 많은 국민들 속에도 침투하기 시작한다.

대륙 침략사상이 항상 조선과 중국에 대한 멸시와 차별감정을 밑바탕에 두고 있던 것은, 유럽의 근대 사상을 익혔고 일본 국내 에서는 자유당 좌파의 이론가로서 명성을 얻고 있던 오이 겐타로大井憲太郎에게서도 공통되는 부분이었다.

겐타로가 연루된 유명한 오사카 사건(1885년)은 한국 독립당이 조선봉건사회를 타도하고 조선사회에 민권을 확대하는 것이 목표였다. 거기에서는 인간의 본질적 원리인 자유를 획득하는 수단으로 민권론의 확장이 불가결하며 그 자유의 기회를 빼앗는 전제권력을 타도하는 것을 일국의 문제로서가 아니라 인류의 보편과제로 삼는 인식으로부터 한국 독립당에 대한 지원이 기획된 것이다.

그러나 오사카 사건으로 옥중에 있었던 겐타로조차도 메이지헌법 공포의 특별사면으로 석방되고 나서 그 전부터 품고 있었던 중국 멸시의 관념이 원인이 되어 조선과 중국에 대한 침략적 사상을 전개해 간다. 다시 말해, 기본적으로는 준잔의 인식과 공통되지만, 서구 열강의 침략에 대한 대항수단으로서 대륙에 패권을 요구하고 대륙을 영유하는 것이 일본이 나아가야할 길이라고 주장하기에 이르는 것이다. 이 점에서 준잔과 동질의 아시아 침략론으로 귀착되는 사상을 논하게 되는 것이다.

문제는 준잔도 겐타로도 처음엔 민권사상의 확충에 의한 봉건적 전제권력의 타도를 주장했지만 결국은 조선과 중국에 대한 비합리적인 멸시와 차별감정으로 변질되면서 서구 열강에 대한 대항과 일본 근대화의 수단으로서 대륙침략을 정당화하기에 이르는 원인은 과연 어디에 있는 것인가 라는 것이다.

침략사상으로 바뀌게 된 배경

여러 형태의 아시아에 관한 인식이 비합리적인 침략사상으로 전바뀌어 가는 원인을 찾는 과정에서 예를 들면, 다루이 도기치樽井藤吉의 아시아에 관한 인식이 참고가 될 것이다. 도기치는 유명한 《대동합방론大東合邦論》(1893년)에서 메이지 중기 이후에 구체적으로 나타나는 대륙 침략사상과 극히 대조적인 아시아관을 전개한다. 그러나 동시에 그것은 언제든지 침략사상으로 변질될 가능성을 동반하고 있었던 것도 사실이었다. 도기치는 우선 조선과 일본과의 관계에 대해서 다음과 같이 말한다. '일본은 화和을 중하게 여기며 경국의 표로 한다. 조선은 인仁을 중요시해서 다스림의 원칙으로 삼는다. 화는 사물과 서로 어우러지는 것을 일컫고, 인은 사물과 상동相同하는 것을 일컬으니, 그러므로 양국의 친밀한 정은 원래부터 천연에 우러난 것이며 마르지 아니하리라'(다케우치 요시미竹內好편 《현대 일본 사상체계 아시아주의》 치쿠마서방) 라고 했다.

그것은 유학적 소양으로부터 형성되어진 한일 관계였지만 거기에는 양국의 문화적 민족적 차이성을 과거에 이미 초월한 공통의 자연적 선천적인 결속이 존재하고 있으며 양국이 연계·연대하는 것은 서구적인 의미에서 근대 국가 관념에 속박되어 있지 않는 일개의 인간이 평등하게 서로 섞는 것과 비슷하다고 했다. 그리고 양국의 발전을 위해서는 양국이 장래에 '합방合邦' 하는 것이 최선의 길이라고 논하면서 '양국의 실리적 결과를 원한다면 이것을 조금이나마 자제하지 않으면 안 된다. 확실한 명칭의 전후에 지위의 계급에 따라서 피차의 감정을 손상하고, 그것으로 인해서 싸움을 일으키는 것은 고금에 그 예가 없음이 아니니'(상게서)라는 이유로 그 국명을 '다이토大東' 라고 명명하고 있다.

도기치는 조선과의 합방이 일본에게 있어서 불리하다는 이론에 다음과 같은 반론을 제기하였다. '조선은 가난할지라도 그 면적은 우리나라의 반이나 된다. 그 가난은 제도가 좋지 못한 것에 기인한다. 만약 합동으로 그 가난을 새로이 이겨낸다면 부를 기대하게 될 것이다'(상게서)라고 주장한다. 여기에는 조선침략의 관념과는 관계없는 평등관념으로 관철되어져 있고 일본의 많은 아시아주의자들이 지적해 온 것처럼 조선의 비근대성의 원인을 봉건적인 속박을 강요하는 유교적 윤리와 도덕관에 지배된 제도자체에서 해답을 찾으면서 결코 조선의 민족성에서 찾지 않고 있다는 점에서도 특징적이다.

게다가 중국과의 관계에 대해서도 다음과 같이 이야기한다. '경쟁

세계의 대세를 보니 능숙하게 아시아 동종의 우호국을 합쳐서 다른 인종(서구 열강)과 서로 경쟁하여야 하니, 협동이 필요한 것이 어찌 한일 관계에 그치랴. 내 이것을 조선에 바라고 청국에 바라지 않으면 의미가 없으리니, 청나라는 아직도 용서받지 않으면 안 될 곳 있으니' 라며 청나라와 일본과의 합방은 시기상조라고 하면서도, '우리 한일, 먼저 잘 합쳐져서 청나라와 합종하여 다른 인종의 모욕을 저지해야 하나니'(상게서).

즉, 다른 민족과의 내분이나 대립을 안고 있는 청나라의 정서가 현 시점에서 한일합방을 허락할 상황이 아니지만, 합종合從이라는 일종의 동맹관계를 체결함으로서 양국 관계를 강화하고, 그것에 의해서 일본과 청나라가 아시아의 두 대국大國이 되어서 서구의 대항축을 형성하려고 하는 전략이 제창되었던 것이다.

계속해서 지적되어 왔지만 도기치의 소론을 인용해 보면, 메이지 국가의 최초 대외 침략전쟁인 중국과의 사이에 일어난 한반도의 지배권을 둘러싼 청일전쟁(1894-1895) 개시 전년에 이러한 논의가 제출되어 있었던 것은 주목할 가치가 있다.

청일전쟁의 침략성에 대한 재차 질문이 불가결이라고 하는 시점에 섰을 경우, 청일전쟁을 계기로 왜 도기치의 소론이 재확인 되는 일이 없이 아시아론이 대륙 침략사상으로 수렴되었는지를 총괄하는 과정에서 그의 사상에 내재하는 과제는 검증자료가 될 수 있는 것이다.

구미 제국주의의 대항사상

　여기에서 강조되어야 할 것은, 도기치의 합방론이나 합종론은 서구의 근대화 노선과 거기에서 파생하는 서구 자본주의의 발전단계에 있어서의 제국주의적인 아시아 정책의 대항사상으로 전개된 것이며 결국은 아시아적 전제권력으로부터 아시아인민을 해방시키는 전략으로써 구상된 사상은 결코 아니었다. 도기치의 대 조선·중국과의 관계구축의 내실이야말로 결국 국가운영의 방법론일 수밖에 없었다.
　요컨대, 서구의 여러 열강과 대항하기 위해 기본적으로는 동질의 강력한 국가를 형성하는 것이 우선과제가 되어 실제로는 일본 국민의 권리 확대와 사회민주화로 귀결되는 사상성을 일체 포기한 것에서부터 논해졌던 것이다. 도기치의 지론에서 전형적으로 보여 지고 있듯이 국가지상주의를 바탕에 둔 일본 국가발전의 논리야말로 대부분 아시아론이 대륙 침략사상으로 수렴되어져 가는 주요한 요인이 되었다고 말할 수 있다.
　더욱이 서구 근대화의 본질적 속성으로서의 제국주의가 실은 아시아적 전제권력을 이용하여 더욱 더 아시아 민중들의 수탈을 강화하고 있는 세계사적 사실에 대한 인식이 완전히 결락되어 있던 것도 지적해 두고 싶다. 청일전쟁을 다음해로 앞둔 일본이 과제로 삼아야 할 것은 서구적인 수준에 있어서의 근대화 촉진을 위해 조선과의 합방도 중국과 합종도 아니고, 우선은 아시아적 전제권력을 타도하여 인민의 권리를 확장해 인민을 주체로 하는 자립된 국가나 사회형성의 방법이었을 것이다.

덧붙여 말하자면, 이후의 '대동아공영권大東亞共榮圈' 사상의 근저에 다루이 도기치적인 대 조선·중국, 그리고 대 아시아에 대한 인식이나 위치 부여가 농후하게 내포되어 있었다. 대동아공영권 사상도 기본적으로는 다루이 도기치적인 이론을 전개하면서 그 실행방법으로서의 침략주의의 채용이라고 하는 패턴에 의해 실현이 강행되었다. 그리고 선전으로서의 '대동아공영권' 사상은 도기치처럼 조선과 중국의 일본과의 자연적 필연적인 합방 및 합종 관계의 실현이 강조되는 속에서 많은 일본 국민의 공감을 획득해 가게 된다.

청일전쟁을 신구문명을 대표하는 일본과 중국의 대립이라고 위치 부여하고, 신문명이 구문명을 극복하는 행위라고 한 우치무라 간조內村鑑三의 '의전론義戰論', 역시 청일전쟁을 문명의 의전이라고 해서 문명적 대외론을 적극적으로 논한 후쿠자와 유키치福澤諭吉의 '탈아론 脫亞論' 등으로 대표되는 문명사상적인 문제로서의 아시아론의 전개도 후술하는 도쿠토미 소호德富蘇峰의 《대일본 팽창이론》(1894년), 일본의 대륙정책의 강력한 추진자의 한사람이었던 고토 신페이後藤新平의 《일본 팽창론》(1916년) 등은 거의 비슷한 침략사상을 내포한 것이었다.

문명론적·사상적 접근은 결국 팽창주의나 침략사상을 정당화하기 위한 이론에 지나지 않았다. 거기에 노출된 것은 강렬한 국가주의이며, 국가에고이즘 외의 그 아무것도 아니었다.

물론 오늘날 대륙문제 연구사에 있어서는 문명적·사상적 문제로서의 아시아 문제와 팽창주의적 침략사상적 내용을 포함한 대륙 문제와의 상위성을 강조하고, 두 문제가 청일·러일전쟁을 계기로 해서 동질화해 가는 과정에 주목하는 시점이 중요하다. 그 차이를 파악하는 작업을 통해서 침략사상으로 전화되는 원인을 추구하는 방법과 목적은 충분히 이해될 것이다.

그러나 그 이상으로 문명적 사상적 문제로서의 아시아론이 결국은 의전론적 전쟁관을 재생산해 가는 사상적 근거를 제공하고, 그것이 동아공동체론 등을 경유하여 대동아공영권 사상으로 귀결되어지는 역사적 사실을 인식한다면 문명론적 사상적 접근방법이 기여한 역할의 문제성을 여기서 또 반복해서 강조해 두지 않으면 안 될 것이다.

대 중국 인식을 중심으로

전쟁 전 일본의 대륙 침략사상의 형성기가 자유민권기 이후에 해당하는 메이지 20년대에 발생했다고 하는 것에 대부분 반대의견은 없을 것이다. 민우사를 설립해서 《국민의 벗》을 발행하고, 평민주의를 주장하여 메이지시대의 저널리즘에 대단한 영향력을 발휘했던 도쿠토미 소호는 청일전쟁을 계기로 교묘한 침략사상을 전개하게 된다. 즉, 처음엔 서구 근대 합리주의의 기반 위에 서구적 시민사회를 형성하는 것에 의한 평등주의의 실현을 논했지만 청일전쟁을 계기로 노골적인 일본 민족 팽창주의 예찬론을 전개하게 되었다.

소호는 그때까지 잠재적인 위협의 대상국으로서 중국을 경계할 필요성을 논했었지만 《국민의 벗》 1894년 6월호에 발표한 유명한 '일본 국민의 팽창성'에서는 일본의 대외 팽창정책을 좋은 행위로 여기며 일본의 팽창정책의 최대 장애가 중국이라고 했다. 이 중국과의 충돌에서 승리하지 않는 한 일본의 장래에 있어서의 발전은 있을 수 없다고 한 것이다.

소호의 대 중국관의 특징은 이른바 일본의 팽창주의나 침략사상을 정당화하기 위해서 이웃나라 중국을 위협적인 존재로 설정하고, 일본의 대외 침략전쟁의 적극적인 의의를 주창하는 절호의 소재로서 중국을 이미지화 하는 것에 있었다. 소호의 대 중국관은 전혀 합리성이 없는 것이었지만 그의 사상적 영향력은 《국민의 벗》을 매체로 해서 대부분의 일본 국민을 팽창주의의 찬동자로 만드는 것에 성공한다.

더욱이, 소호는 청일전쟁 이후에는, 서구 열강의 침공에 대한 대항조치는 조선·일본·청국의 아시아 삼국이 연합해서 대응해야 하며 그럴 경우 일본이 맹주로서의 지위에 오르는 것이 연합 형성의 조건이라고 말한다. 여기에서의 연합론은 순수하게 대항세력의 형성이라고 하는 의미 이상으로 청일전쟁 이후의 일본의 국제적 지위 변화에 따르는 새로운 국제적 긴장관계에 대처하려는 의도가 포함되어 있었다. 그것은 결코 아시아제국이 대등하게 연합하여 서구의 아시아에 대한 공격에 저항해 가려는 순수한 의도가 아니었다. 단지, 일본의 국제적 위치를 안정시키기 위한 연합이며, 국가 에고이즘의 발로일 수밖에 없었던 것이다.

그 점에서는, 신문 《일본》을 통해서 서구 근대화나 기술주의에 대응해서 아시아의 독자성 발휘와 자립성의 획득을 주장하며 서구와의 대비 속에서 아시아주의를 강조하고 소호와 같은 안이한 침략사상의 전개에 일정한 비판적 정신을 나타낸 구가 가츠난陸羯南(1857-1907) 역시 마찬가지였다. 말하자면, 가츠난은 아시아의 평화가 일본을 주축으로 한 형태가 아니면 성립될 수 없다고 주장하여, 결국은 중국에 대한 침략을 정당화하였다.

소호가 중국의 잠재적 위협을 솔직히 이야기한 것에 반해 가츠난은 중국을 위협의 대상으로 삼지 않고 일본의 연계 상대로 위치를 부여하여 서구적인 것을 거절하고 일본적인 문화나 사상으로 대치하려고 한 점에서의 차이는 인정을 받는다.

그러나 양자간에 중국에 대한 접근방법의 차이성은 인정될지언정

조선을 포함시켜서 일본이 주도하는 대상일 수밖에 없다고 하는 아시아에 대한 인식을 표명한 점에서 최종적으로는 침략사상으로 수렴되어 가는 모습을 보여준다. 거기에서는 역사적 사실로서의 침략행위가 조선과 중국을 이른바 선도하는 행위로 인식되어 있었다.

이 점은 위에서 말한 도기치의 이론과도 같으며, 나중에《지나支那관》(1913년)에서 중국을 '기형국畸形國'이라고 간주한 우치다 료헤內田良平,《지나론》(1914년)이나《신 지나론》(1924년) 등으로 중국사회의 특수성을 강조했던 나이토 코난內藤湖南 등의 중국에 대한 인식과 기본적으로 공통된다할 수 있다.

요컨대, 중국은 서구적인 상식으로 본다면 지극히 이질적인 국가이자 사회이며 국제사회의 통념으로부터 크게 벗어난 존재라고 취급함으로서 중국에 대한 차별과 모멸감을 바탕에 둔 중국인에 대한 인식을 증폭해 간 것이다. 그것은 동시에 이질적인 것을 배제하고 공생공존사상을 거부하는 논리와 의식을 잠재화시키는 것으로 연결된다. 당대의 문화인·지식인이라고 불린 사람들에 의해 반복해서 강조되고, 현실의 정치과정에 있어서 대 중국에 대한 강압적인 자세가 노골적으로 나타나게 된 것도 중국 사회를 부정적으로 보게끔 국민의식을 몰고 갔던 또 하나의 요인이었다.

2. 대륙국가 일본의 형성
- 청일·러일전쟁 이후

청일전쟁의 평가를 둘러싸고

그 후의 침략사상의 전개에 있어서 일본 최초의 대외 전쟁이었던 청일전쟁이 결정적인 영향을 한 것은 말할 필요도 없다. 청일전쟁은 한반도의 영유권을 둘러싼 중국과의 각축에 의해 생겨난 전쟁이며, 그것은 조선에 대한 틀림없는 침략전쟁이었다. 그 결과, 일본은 한반도에서 사실상의 지배권을 획득하고 대륙정책을 노골적으로 표명해 갔다. 이렇게 해서, 한반도는 대륙진공을 위한 일본의 교두보로서 역할을 하게 된다.

청일전쟁에서 일본은 승리를 통해서 국제적 정치상의 대전환을 초래했다. 즉, 서구 열강의 피 침략국 피 억압국이라는 지위에서 서구 열강과 동등한 침략국 억압국으로 전환한 것이다. 막부시대 말기부터 시작되는 조선과 중국에 대한 침략사상이 이 전쟁을 통해 탁상공론이 아니라 일본 군사력의 발동에 의해 실행으로 옮겨졌을 때, 대륙 침공의 논자뿐만 아니라 많은 국민들의 의식 속에 아시아의 강국 일본의 이미지가 단숨에 증폭되어서 의식화되어 진 것이다.

청일전쟁이 초래한 강렬한 '강국 일본'의 이미지는 메이지 20년대부터 30년대에 걸쳐서 창간된 메이지시대의 저널리즘을 대표하는 잡지에 의해 한층 더 박차가 가해졌다. 예를 들면, 1895년 1월의 《태양》 창간호는, 대륙 진공의 시작은 그야말로 일본이 아시아, 나아가서는 세계의 주목을 한 몸에 받는 장래의 영광이 약속된 국가이며 '태양'과도 같은 존재임을 암시하고 있었다.

또한, 같은 해 11월에 창간된 《동양경제신보》에서 마츠다 추지町田忠治는 '동양유일의 입헌강국'이 된 일본이 장래 더욱 더 강국으로서 살아가기 위해서 '서구제국이 빼앗으려하는 동양무역을 우리 손안에 넣는 수밖에 없으니 언젠가 동양의 상권장악이 가능해 질 것이다'라고 그 창간의 의의를 밝히고, 본지가 일본이 아시아에서의 경제적 패권을 확립하기 위한 정보를 제공하고자 하는 열의를 피력하고 있다(하시가와橋川 · 마츠모토松本, 상게서).

이러한 기조를 가지는 잡지는 그 외에도 《세계의 일본》(1896년 창간)이나 《중앙공론》(1899년 창간) 등을 들 수 있다. 이러한 잡지가 국민의식 속에 '대국의식'이나 '일등국의식'을 만들어 가는 과정에서 중요한 역할을 하게 된다.

이러한 '대국의식'이나 '일등국의식'이 새로운 기세의 국가주의를 일방적으로 만들어 내는 것은 필연적이었다. 그리고 이미 많은 선행연구에서 지적되어 온 것이지만, 청일전쟁을 기점으로 내향적 국가주의에서 외향적 국가주의로의 전환이 현저해 졌다. 즉, 내향적 국가주의가 그 국가나 민족의 전통문화의 보수견지를 최대의 목적가치라고 위치를 부여하는데 대하여, 외향적인 국가주의는 무엇보다도 일본의 타민족·타국가와의 대비에 있어서의 절대적인 우위성을 확보하는 것이 목적가치가 되고, 타민족이나 타국가에 대한 철저한 차별과 모멸의식을 내재화시키는 것이다. 그것은 동시에 타민족·타국가에 대한 멸시와 차별의식을 내포하면서 국가주의의 궁극적인 측면으로서의 침략사상으로 기울어 가는 것이다.
　거기에서는 권력의 분산화와 개인의 권리확대를 기조로 하는 민주주의의 발전도, 타 국민이나 타민족과의 공존공생의 추구를 보편적인 과제설정으로 하는 것도, 나아가서는 국가간이나 민족간의 차이에서 생기는 대립이나 마찰의 해소에 직면하려고 하는 사상이나 논리도 배제되고 단지 국가이익과 국가 에고이즘의 확장이 최대의 목표로 설정되는 것이다.
　매우 중요한 논점이지만, 청일전쟁과 러일전쟁을 기점으로 본격화되는 초기 제국주의 속에서 러일전쟁의 전쟁비용을 영국 등 외국의 차입금으로 충당할 수밖에 없었던 것처럼 일본제국주의가 구미 의존형의 제국주의이며 자기 완결성이 현저하게 결여된 반제국주의였던 현실에 대한 고뇌가 대륙 침략사상이 내포하는 노골적이기까지 한 침략성을 전면화하는 결과가 되고, 반대로 구미에는 비굴하기까지 한 종속의식을 잠재화시키게 된 것이다.

일본주의의 형성과 전개

그러한 규정요인을 내포하면서 일본제국주의 사상이 본격적으로 형성되어 가는 과정에서 주목할 것은 아마도 잡지 《태양》의 논객 다카야마 조큐高山樗牛의 일본주의론일 것이다. 조큐는 메이지 사상계의 주류를 차지하고 있던 국수주의가 반구화反歐化주의적 요소를 강조한 나머지 일국—國주의적인 시야에서 벗어날 수 없었고, 세계사적인 전망이 결여된 논의밖에 제공하지 않았다는 점을 날카롭게 비판했다. 거기에서 조큐는 일본이 세계국가로의 비약을 지향하는 논리를 내포한 새로운 사상으로서 국수주의를 극복하는 일본주의 이데올로기를 주장한다. 이 일본주의에서는 일본 국가공동체에 국민을 사상적으로도 정신적으로도 강제 동원하여 국가적 가치나 이익이 모든 것에 우월하다고 강조한다.

일본주의는 국수주의자에 의해 강조되었던 것처럼 일본문화의 전통이나 유산에서 일본 민족의 일체감을 추구하는 것이 아니라 서구

국가의 침략에 대항하기 위해서, 무엇보다도 다른 국가보다 우월한 강대국가 및 패권국가의 건설이라고 하는 목표가치 속에 민족으로서의 일체감을 추구해야 한다고 한 것이다. 즉, 자립한 제국주의 국가로의 변용이야말로 일본주의의 본질적인 명제였으며 거기에서 최대의 과제가 된 것은 서구 선진제국주의 여러 국가와 경합과 대립을 견뎌 낼 수 있는 강대한 국가의 건설이었다.

이러한 논의를 전개하는 과정에서 되풀이되어 주장되어진 것이 일본 민족의 팽창성이며 그 팽창성을 고무시킨 것이 도쿠토미 소호의 《대일본 팽창론》이다.

소호의 일본 팽창론이야말로 나중에 형성되는 일본인의 대국의식 혹은 제국의식의 원형을 형성하는 것이었다. 그 점에서는 조큐의 국수주의에 대한 비판과 같이 소호의 팽창주의도 국수주의의 내향성을 비판하고, 일본 국가 및 일본 민족의 발전을 외향성에서 추구하려고 한 것이었다. 그것은 침략사상 바로 그것이었지만 소호는 그 침략사상으로의 비약의 계기를 청일전쟁의 실현에 의해서 쥐게 된 것이다. 소호에게 있어서 청일전쟁은 방위 성격으로서의 전쟁이 아니라 일본이 대륙을 향해서 팽창해 가는 일대 기회라고 인식을 했던 것이다.

그 당시에 있어서는 소호 이외에도 세계 식민지 쟁탈전에 적극적으로 참가하는 지위가 주어진 국민으로서의 일본 민족은 강자이면서 제국주의 전쟁에서 살아남는 적자適者라는 적자생존론을 주장한 야마지 아이잔山路愛山이나, 일본을 포함시킨 여러 열강의 세계분할의 합리성과 필연성을 윤리적 제국주의라고 명명하고 적극적으로 논한 우키다 가즈다미浮田和民 등에 의한 여러 가지 제국주의 침략사상들이 언론계나 여론에 큰 영향력을 발휘하게 된다.

이렇게 해서 도쿠토미 소호나 후쿠자와 유키치 등 메이지를 대표하는 지식인의 철저한 청일전쟁 정당화론에는 형식론으로서 구미 여러 열강으로부터의 일본 방위나 조선과 중국의 개혁의 필요성을 논하면서 본질적으로는 열강들의 동향을 일본의 총체적 위기라고 설정함으로써 청일전쟁을 일본 팽창의 일대 계기라고 적극적으로 평가하고자 하는 의도가 강하게 담겨져 있었던 것이다.

대륙국가구상과 대륙정책

메이지 20, 30년대의 대륙 침략사상은 러일전쟁 이후에 있어서의 최대의 정치목표가 된 전후 경영이라는 이름의 국가목표로 이어져 간다.

1906년 1월 25일, 정우회政友會 출신의 사이온지 긴모치西園寺公望 수상은 제22회 제국의회의 시정방침연설에서 '만주경영과 한국의 보호는 모두 제국을 위하여 노력하지 않으면 안 되는 바이므로 국력의 발전은 하루라도 흐트러지는 일이 없도록 해야 한다'라고 말하여 만주와 한반도에 대한 지배권의 확장이야말로 국가발전의 요점으로 자리 매겼다.

그것은 군사력을 배경으로 한반도와 중국에 있어서의 서구 열강과의 패권쟁탈전에 대응하려고 하는 국가목표를 단적으로 내보인 것이었다. 이 전후 경영이론의 전개야말로 러일전쟁이후에 있어서 일본의 대륙 침략사상의 본격적인 형성과 실천에 박차를 가해 간다.

이즈음에 메이지 중기까지의 침략사상이 본격적 실천의 단계에 들어가지만 직접적인 담당자가 된 것은 일본 육군이었다. 육군은 러일전쟁의 전 기간을 통해서 약109만 명의 병력을 동원한 결과, 약12만 명의 사상자를 내고 17억 엔의 전비를 투여했다. 그 결과 카라후토섬의 남쪽반의 영유와 구 러시아의 조차지(뤼순.다이렌) 및 남만주철도와 그에 부속되어 있던 땅의 이권과 거기에 한반도의 독점적 지배권마저 획득한다. 이 기회에 일본은 식민지를 한꺼번에 확대하고 외지에 이권을 획득함으로써 자타가 인정하는 제국주의 국가의 길을 걷기 시작한다.

대륙 침략사상은 정책 차원에서 대륙정책이라고 하는 형태를 취하며 강력히 추진해 가지만 그것이 공식 문서로서 책정되는 것은 1906년 2월9일, 오야마 이와오大山巖 참모총장에 의해 상주되어 메이지 천황으로부터 재가 된 '메이지39년도 일본제국 육군 작전계획 책정 요령'에 의해서이다. 거기에는 '메이지 39년도 이후에 있어서 제국 육군의 작전계획은 공세를 다함을 본령으로 한다'라고 되어있으며, 종래의 수세작전에서 탈피하여 공세작전을 전략상의 기조로 한다는 방침이 채용되었다(육군성 편 《메이지 천황 전기자료 메이지 군사사》 하라서방).

이 이후 일본 육군은 일관되게 작전계획으로서 공세작전을 채용하게 되고 대륙침략이 일본 국가 발전과 밀접하고 불가분한 것으로서 실천의 대상으로 여겨지게 되었던 것이다.

이 육군의 대륙 침략사상의 유력한 담당자 중 한사람인 군사관료 다나카 기이치田中義一의 자료 가운데에서 당시의 일본 육군의 대륙 침략사상의 내용을 조금 소개해 보기로 하자.

1906년에 집필한 《수감잡록收監雜錄》에서 다나카는 '메이지 39년도 일본제국 육군 작전계획 책정요령'을 선취하는 듯 한 내용을 다음과 같이 기록하고 있다. 즉, '전후 경영은 단지 육해군의 병력을 결정하듯이 단순한 의의가 아니라 우리 제국의 국시에 따르는 방침을 자세히 말하니 해외의 보호국과 조차지를 소유하며, 또한 영·일동맹 결과, 종래처럼 단지 수세작전을 국방의 본질로 하지 않고 반드시 공세작전을 국방의 주된 목표로 하는 것을 기초로 하여 전후 경영의 가장 중요한 의미로 한다'(《다나카 기이치 관계문서》 8)라고 했다.

이 다나카의 국방사상은 야마모토 곤베에山本兵衛로 대표되는 해군 주류파가 이 시기에 주장하고 있었던 '섬 제국론'을 배제하고 대륙국가 일본의 구축에 국가발전을 기하려하는 방침을 적나라하게 이야기하고 있었던 것이며, 그것은 동시에 소호 등의 팽창주의나 제국주의사상을 정확하게 답습한 내용이 되어 있었다. 1907년 4월, 이러한 방침은 '제국 국방방침'이 되어서 공식화된다. 그 방침결정의 과정에서 제시된 중국에 대한 인식을 간단히 정리해 둔다.

1906년 8월 31일, 야마가타 아리토모山縣有朋는 다나카 기이치가 집필한 《제국 국방방침안》(보통 '다나카 사안'이라고 칭함)을 받았지만 거기에서는 '국리·국권의 신장은 우선 청국을 향해서 기획하는 것으로 함이다'라고 한 뒤에, 국리·국권의 대상지역으로서 중국을 대상으로 삼고 그런 중국을 침략하는 것은 제국의 천부적인 권리라고 단언하고 있다.

이러한 다나카의 중국에 대한 인식의 밑바탕에는 역시 중국에 대한 없앨 수 없는 차별의식과, '청국 스스로 자국 내의 질서를 유지할 수 없다'라는 문언에서 상징되는 것처럼 주권국가 중국의 통치능력을 현저하게 과소평가하는 부분이 있었다. 이것과 함께 《수감잡록》에서도 '청국이 만약 장래 대발전을 해서 각국의 욕망을 좌절시킬 수 있는 성운에 달한다는 것은 전도요원이 아니라 거의 공상에 가깝다'라고도 적혀져 있다.

그러나 '제국 국방방침' 책정의 실질적 책임자이었던 야마가타 아리토모는 다나카만큼 솔직하게 중국을 잘라버리는 이론을 전개하지 않고, 예를 들면 '전후 경영 의견서'(1905년 8월)에서는 러시아와의 재 전쟁에 대비해서 '첫째로 청국 정부와의 관계를 긴밀히 해 청국의 진보발달에 의해 동양의 무사를 기도할 필요라는 것은 말할 나위도 없다'(오야마 아즈사大山梓편 《야마가타 아리토모 의견서》 하라서방)라고 논하여, 중국과의 대등한 입장에서 하는 외교관계의 긴밀화와 연계에 의해 공동으로 러시아의 위협에 대항하려하는 중·일 일체론을 전개했던 것이다.

야마가타는 '대청정책소견對淸政策所見'(1907년 1월)에서도, 러일전쟁 중의 청국의 중립적 태도의 유지를 어느 정도 평가하며 중국 국내에서의 이권 회수운동으로 상징되는 반일적 태도에 경계의 뜻을 내보이면서도 이것을 전쟁정책으로 대응하는 것이 아니라 '청국을 대하는 것은 주로 교류의 정을 돈독히 하고자 하려하니 무용의 오해를 일으키는 듯한 것은 가급적 피하지 않으면 안 된다'(상게서)라며 중국에 대한 외교에 신중한 태도로 임할 것을 설명하고 있었던 것이다.

그 자체는 분명히 합리적인 판단이었지만 공식문서로서 야마가타에 의해 작성된 '제국 국방방침안'(보통 '야마가타 사안'이라 칭함)은 '장래 우리 국리·국권의 신장은 청국을 상대로 기획하는 것이 유리하다'라며 '다나카 사안'을 그대로 계승하고 있고 중국에 대한 작전개요 혹은 대 중국 인식도 '다나카 사안'과 전혀 틀린 바가 없었다.

대륙국가 구상의 실현

'제국 국방방침'에서는 '일본제국의 국방방침' 제1항에서 국권의 신장은 우선 만주와 한국을 대상으로 삼고, 나아가서 동남아시아 그리고 태평양으로 확대하여 이러한 지역에 이권을 획득함으로써 국리민복의 증진을 달성한다고 했다. 그리고 러일전쟁에서 확보한 만주 및 한국에서의 이권을 더욱 확대하여 동시적으로 아시아 태평양 지역에 일본세력을 확장하는 것이 일본의 앞으로의 사명이라고 논하고 있다.

이 내용은 다나카 기이치가 《수감잡록》에서 전개한 대륙국가 구상과 거의 동일하며 다나카가 의도하는 대륙극가 일본의 건설이 국방방침을 중심으로 자리 매겨진 것뿐만 아니라 국가정책으로서 이후의 메이지 국가가 나아가야 할 길을 규정해 가게 된다.

다나카가 말한 대륙국가 일본의 건설은 바꾸어 말하면 '공세국방론', '대륙제국론'이라고 하는 것으로 그것은 당시의 일본해군을 중심으로 논해져 왔던 또 하나의 국가구상이라 할 수 있는 '수세국방론', '대륙제국론'을 실질적으로 부정하고 대륙에서 일본의 활로를 여는 것을 반복적으로 강조하고 있다. 그런 의미에서 다나카의 주장으로 요약되는 대륙국가 일본의 형성이라는 전략이야 말로 메이지 초기부터 중기에 걸쳐서 언론계에서 활발하게 논해져 왔던 대륙진공론이나 팽창주의를 적극적으로 채용한 결과였다.

이러한 국방방침에 규정된 대 중국정책이 제1차 만몽滿蒙 독립운동(1912년), 제2차 만몽독립운동(1915–1916년), 제1차 호쵸쿠奉直전쟁(1922년), 제2차 호쵸쿠전쟁(1925년), 가쿠쇼레이郭松齡사건(1925년), 제1차 산토山東출병사건(1927년), 죠사쿠린張作霖폭살사건(1928년), 제2차 산토출병사건(1928년), 그리고 중일15년 전쟁의 시발점이 된 만주사변(1931년)에 이르기까지 직간접인 군사적·정치적 행동이 되어서 실행에 옮겨졌다.

일본 정부나 일본 군부 중에서 소호에 의해 제창된 '중일연합론'

여순旅順 합작 당시 러·일 양군 사령관과 막료들(1905년 1월 2일)

을 선두로 하여 육군성 신문반이 작성한 '국방의 본의와 그 강화의 제창'(통칭 '육군 팜플렛', 1934년 10월)의 '일만日滿 일체화론'이나 '일만지 일체화론日滿支一體化論', 게다가 이시하라 간지石原完爾의 '동아연맹론' 그리고 최종적으로는 '대동아공영권 사상'으로 이어지는 여러 이론에서 공통되는 것은 '동아연맹론'의 원작자였던 미야자키 마사요시宮崎正義의 《동아연맹론》(1938년)에 새겨진 만주국의 건국(1932년)이야말로 '동양해방과 그 신건설의 도의적·문화적 의의를 가진다'라는 기술에서 상징되는 침략사실의 자기 정당화의 논리였다.

이러한 논의 속에서 예를 들면, 중일전쟁 개시(1937년 7월)후에 맹렬히 논해져 온 '동아협동체론'이나 미키 기요시三木淸 등에 의해 제창된 '동아공동체론'으로 대표되는 아시아제국과의 국가연합을 구상하면서 일면에 있어서 중국 내셔널리즘을 정면으로 받아들이며, 이것을 이해함으로써 새로운 연대 형태를 추구한 논쟁도 전개되었다.

그러나 이러한 논의도 결국은 대륙침략을 속행하면서 한편으로는 아시아연대를 외치는 모순을 극복하지는 못했다. 1938년 11월, 고노에 후미마로近衛文摩 내각에 의해 '동아협동체론'을 근저로 한 '동아신질서 건설성명'(제2차 고노에성명)이 공표된 것은 결국 그것이 일본의 패권주의를 은폐하는 이데올로기로서 활용된 것에 지나지 않는다는 것을 의미하는 것이었다.

더욱이 미일전쟁 개시가 1년 뒤로 근접한 1940년의 중반에서부터 등장하는 '대동아공영권' 사상에는 물론 아시아연대를 지향하는 사상적 계기는 전혀 찾아볼 수 없다. 역사적 사실이 밝히고 있듯이 그 명칭의 위선을 유감없이 발휘하게 되는 것이다.

이미 아시아연대의 계기도 완전히 상실한 상황에 있으면서 침략과정에서 파생되는 피 침략제국으로부터의 반일투쟁을 억압하기 위해서 일본은 환상공동체로서의 '대동아공영권' 사상에 매달리는 수밖에 없었던 것이다. 그러므로 '대동아공영권' 사상에 내포된 대 조선과 중국에 대한 인식의 왜소성이나 기만성을 앞으로도 반복하면서 엄격히 총괄해 갈 필요가 있었을 것이다.

불식되지 않는 제국의식

이상, 일본의 대륙 침략사상의 계보를 언론인 및 그 실행자들의 기록을 대략 요약하여 아시아론에 내재한 침략사상의 구조와 특질을 부각시켜보려고 노력하였다. 마지막으로 두 가지만 다시 정리해 두고자 한다.

첫째, 아시아론에 내재하는 대륙 침략사상은 적나라한 무단주의적 기조를 주도면밀하게 회피하고 문명론적 문화론적 색채로 분식되어 그것에 의해서 침략 기획이나 실태를 은폐하려는 방법을 일관되게 채용해 온 것을 특징으로 하고 있는 것이다. 그것이 침략 사실이나 실태에 대한 인식력을 약화시키고 반대로 침략사상을 적극적으로 받아들여 침략행동에 적극적으로 가담하는 것으로 자기의 지위향상을 꾀하려는 의식이 많은 국민에 의해 공유되어져 왔다. 그 점이 침략전쟁에 국민동원을 용이하게 한 부분이기도 하다.

둘째, 청일전쟁 때에 일찌감치 정착하지만 정치적·경제적동기의 침략사상이 기본적으로는 모든 것이 일본의 정치적 지위향상의 수단이었다는 것이다. 그러한 동기를 가속시킨 것이 서구 열강들에 대한 열등감이었으며, 한편으로는 이 열등관념에서 탈각하려는 논리로서 침략사상이 형성되어져 왔다.

강조하고 싶은 것은 그 열등관념이 반대로 대 아시아에 대한 우월관념으로 확대 재생산되어 침략사상의 기본적인 구조를 결정짓게 했다는 것이다.

게다가 사상으로서의 '대동아공영권 사상'은 거대한 환상공동체 구상이었다. 그러나 그 사상적 공허함에서 이것을 해체하는 논리나 사상 구축의 곤란성이 수반되어지는 것을 우선 확인해 두고 싶다. 그런 뒤, 아시아론에 내재하는 침략사상의 추출과 해체론의 필요성을 인식하고 이것을 어떻게 구축해 갈 것인가에 대해서 반복하여 문제 삼지 않으면 안 되는 것이다.

그렇지 않으면 오늘날 도처에서 분출하고 있는 침략사상이나 새로운 형태를 수반하면서 나타나는 파시즘, 혹은 국가주의에 대한 대항논리와 해체사상의 전면 전개는 불가능할 것이다. 그러한 대륙 침략사상을 키워 온 일본의 사회구조나 일본인의 의식구조는 오늘날까지도 충분히 해명되질 않고, 또 대국의식 혹은 제국의식이 여전히 불식되지 않은 현상이 남아있는 것이다.

현재와 같이 국가주의나 제국의식을 배경으로 하는 새 국가주의적 요소를 내포한 국익주의가 국방내셔널리즘과 결부됨으로써 재생산되는 전후 침략사상에 어떻게 대처해 나갈 것인가가 금후의 무거운 과제가 될 것이다.

오늘날 되풀이되고 있는 해외파병, 안보리상임이사국이 되기 위한 획책, 재일 조선인에 대한 폭력으로 상징되는 배외주의적 행동 등, 여러 가지 국면에서 표출되고 있는 배외주의와 제국주의의 복합사상이라고 할 수 있는 제국의식을 전쟁 전의 대륙 침략사상을 총괄하여 해체함과 동시에 내부적 제국의식으로부터 스스로를 석방시켜 가는 작업이 우리들의 시급한 과제라 할 것이다.

제2장
중일전쟁에서 미일전쟁으로

미일 개전 당일아침 황궁 앞에서(1941년12월8일)

1. 미일전쟁과 전쟁국면의 전개
– 아시아 태평양전쟁으로의 과정

중일전쟁의 연장으로서의 미일전쟁

1931년 9월 18일에 시작되는 중일전쟁을 비롯해 일본이 아시아 각지에서 행한 아시아와의 전쟁과 1941년 12월 8일의 일본해군에 의한 하와이 진주만 기습공격으로 전쟁이 시작된 미일전쟁을 중심으로 한 태평양전쟁과는 서로 분리하기 어려운 결부된 전쟁이었다.

실제로 일본 군사력의 배치와 동원상황을 보아도 1941년 당시, 중국 동북지역과 중국 관내關內지역을 합치면 중국 본토에 투입된 육군 병력은 육군동원 총 병력의 실로 65%(병력 수 138만 명)에 달하고, 일본 본토에 배치된 병력의 27%(병력 수 56만5000명) 및 남쪽지역의 7%(병력 수 15만5000명)를 크게 넘어서고 있다. 더욱이, 미군의 본격적인 반격공세가 시작되는 1943년 이후에도 1943년에 43%(병력 수 128만 명), 1944년에 33%(병력 수 126만 명), 1945년에 31%(병력 수

198만 명)라는 숫자였다.

다시말해 미군과의 전투가 중심이었던 남쪽 전선에 투입된 육군 병력은, 1945년 가장 많았을 때에도 164만 명(총 병력수의 26%)이며, 같은 해의 총 인원수조차도 중국에 투입된 병력에는 미치지 못하고 있다. 게다가 미일전쟁 개시 이후의 군사비의 일본 본토를 제외한 지역별 지출을 보면, 중국 관내와 중국 동북의 합계가 총 지출액의 68%(남쪽지역은 25%)에 달하고 있었다(요시다 유타카吉田裕·고케츠 아츠시纐纈厚 공저 '일본군의 작전전투보급' 《15년 전쟁사 3 태평양 전쟁》 아오키서점).

이러한 숫자에서 알 수 있듯이 아시아 태평양전쟁의 중국전선의 비중은 대단히 컸으며, 중일전쟁 그 자체가 대 영미전의 패배의 주원인의 하나가 된 것은 분명하다. 그런 의미로 아시아 태평양전쟁의 호칭의 의미는 단순히 반파시즘 전선의 동일선상에서 두 전쟁을 결부시킬 수 있는 것만 아니라, 중일전쟁을 비롯한 일본의 아시아 침략전쟁의 패배가 아시아 태평양전쟁 전체의 패배와 불가분한 관계에 있다는 것을 강하게 인식할 필요성의 측면에서도 중요한 것이다. 아시아 태평양전쟁이라는 호칭의 배경에는 이 전쟁의 역사적인 성격과 발생 및 패배의 원인이 명확하게 의식되어져 있는 것이다.

전국의 추이와 특징

미일전쟁 개시에서 과달카날 섬 철퇴까지 (제1기) 아시아 태평양 전쟁의 전국 추이는 대략 3기의 시기로 구분할 수 있다. 즉, 1941년 12월 8일, 일본해군에 의한 하와이 진주만 기습공격으로 개시된 미일전쟁에서 미일 양군의 사투가 전개된 과달카날 섬 공방전에 의한 일본군 패배까지의 제1기는 전반을 일본군의 전략적 공세기, 후반을 전략적 지구기持久期로 특정 한다.

일본해군은 진주만 기습으로 본래의 목표였던 미군 항공모함군 포착과 섬멸에는 성공하지 못 했지만 일시적으로 진주만 기지의 기능을 마비시킨 점에서 일정한 전쟁 성과를 올렸다. 그 기세로 일본군은 진주만 기습과 같은 날에 말레이반도의 코타발에 상륙하고 그 다음 해인 1942년 2월에는 영국령이었던 싱가포르를 함락시켜 점령한다.

이보다 1개월 앞서 미국 통치하에 있던 필리핀의 마닐라를 공략하고, 5월에는 버마의 만달레이를 점령하여 당초 계획했던 남방진공 작전이 일단락되게 된다. 이와 전후로 미국과 필리핀의 연합군이 사수하는 마닐라만의 코레히도르 섬을 함락시켜 일본군은 미일전쟁 개전 이후 반년도 채 되지 않은 시간에 동남아시아의 광대한 지역을 수중에 넣게 되는 것이다.

이러한 일본군의 일방적인 승리의 원인은 압도적인 해군전력과 항

미일 개전을 고하는 대본영 보도부(1941년 12월8일)

공전력의 집중적인 운용 및 투입작전을 철저히 한 것에 비하여 연합군 측은 유럽의 전장에서 독일과의 싸움을 최우선으로 하고 있던 관계로 동남아시아 지역에는 장비 및 훈련면에서 불충분한 병력으로 밖에 전개할 수 없었으며 그것도 광대한 지역으로 분산배치를 할 수밖에 없었던 것에 기인했다. 게다가 이 시기의 연합군 측의 기본전략을 전략적 수세기로 잡고 작전방침을 지구전에 두었기에 작전내용도 방위적 범위를 넘지 못했던 것이었다.

그러나 미 태평양 기동부대와 결전을 목적으로 발동된 미드웨이해전(1942년 6월)에서 일본해군이 주력의 항공모함 4척을 잃어버리는 등 대패배의 쓴 잔을 마신 결과 일본군은 그 때까지의 진격의 기세가 좌절되게 되었다.

　태평양 해역에 있어서 일본해군력의 우위는 흔들리지 않았지만, 미국과 호주와의 연락선 차단을 목적으로 행해진 일본군의 과달카날 섬 점령을 배제하기 위해서 미군의 과달카날 섬 상륙작전의 발동에 의해 이 섬의 쟁탈을 둘러싼 미일 양국의 지상군 및 해군의 격심한 전투가 개시되었다.

　일본군은 미군의 반격공세 작전의 의도를 읽지 못하고 미군 투입 전력을 과소평가했기 때문에 병력의 수차투입의 우를 범하게 된다. 결국, 1942년 12월에는 이 섬에서 '전진' 이라는 명목으로 사실상의 철퇴를 결정했다(철퇴완료는 다음해의 2월. 즉, 과달카날 섬의 탈환에 실패한 것이다.)

섬 철퇴로부터 사이판 함락까지 (제2기) 과달카날 섬 공방전에서 일본군이 패배했다는 것은 미군에게 태평양 해역에 반격공세의 거점을 제공해 주는 것을 의미하며 이 전투를 분기점으로 전국의 주도권이 미군에 이행되었다. 그것이 제2기의 시작이었다.

　이 쟁탈전을 통해서 일본군은 귀중한 해상수송 선박의 상당수를 상실했기 때문에 이후의 작전 전개에 큰 지장을 초래하게 되었다. 그것은 길어진 전선에 대한 보급을 한층 곤란하게 하고 점령지역의 탄약이나 식료품, 군인의 보충력 부족이 전력 저하에 박차를 가하게 된다. 일본군의 전략적 패배의 요인은 이미 이 시기에 시작된 것이라 할 수 있다.

일본군의 과달카날 섬 철퇴를 계기로 길버트 및 마샬 제도 방면에서 공격해 오는 니밋츠가 이끄는 미 해군의 공세와, 라바울을 사실상 무력화하면서 뉴기니아 북쪽 해안에서 서쪽으로 진군하는 맥아더장군이 이끄는 미국 지상군의 공세에 시종 수세에 몰려있던 일본군은 완전히 전국의 주도권을 박탈당하게 되었다. 게다가 버마 방면에서의 연합군의 반격공세 작전도 개시되어 다른 전쟁의 승리로 이어지던 전선의 선두 부분에서부터 확실히 침식되기 시작한 것이다.

이것 때문에 1943년 9월, 대본영은 어전회의에서 결정된 '금후 취해야 할 전쟁지도의 대강령'에서 치시마千島 · 오가사와라小笠原 · 내남양內南洋 · 서부 뉴기니아 · 슨다 · 버마를 연결하는 선을 절대 국방권으로 칭하고 그 위치 내에 있는 일본군 점령지역을 사수해야 할 범위로 정하게 된다. 그리고 이 지역이 침공을 받았을 경우에는 종래의 지구전을 포기하고 최후의 결전에 임하는 것으로 결정하게 된다. 그러나 이 방침은 육해군에서 충분한 조정이 행해지지 않은 채 대충 결정된 것이었다.

예를 들면, 절대 국방권의 사수에는 당초 중국전선보다 남방전선에 상당한 규모의 병력 추출이 필요했지만, 완강한 저항력을 발휘하는 중국군이나 중국 민중의 존재가 남방전선의 병력추출에 일정한 제동을 거는 결과가 되었던 것이다.

사실, 1943년에 들어와서 중국에서 일본군이 실시한 강북작전(2월 시작)이나 강남작전(5월 시작), 거기에 다음 해인 1944년 4월부터 개시된 대륙 침략작전 등에서 제시된 중국의 높은 항전능력이 남방전선의 병력추출에 의해 태평양전선의 재건을 꾀하려는 일본의 작전방침을 좌절로 몰고 갔다. 절대 국방권의 설정은 요컨대 길어진 일본 전선을 사실상 축소하고 밑바닥이 보이기 시작한 전력을 온존 및 재건하여 전선의 방비를 우선으로 하는 작전방침을 짠 것이었다.

이것은 명확하게 일본군이 전략적 수세기에 들어간 것을 의미한다. 또한 이 시기에 있어서 일본과 미국의 전력 격차는 점점 더 벌어져 갔다. 특히 해군전력은 1942년 12월 말의 제1선 항공모함의 비교에서 일본의 6척(함재기수291기)에 대하여 미국은 3척(함재기수251기)으로 일본이 우세했던 것이, 9개월 후인 1943년 9월에는 일본의 6척(함재기수291기)에 대하여 미국은 14척(함재기수824기)이라는 압도적인 격차가 생기고 만다.

패전까지 (제3기) 미군은 1943년 후반기에 들어서면서 이러한 전력 격차를 배경으로 일본군 국방전위선의 도쇼島嶼 거점의 공략을 본격화하게 된다. 그 중에서도 특히 길버트 제도의 마킨 타라와의 양쪽 섬들을 점령하고, 또 부겐빌 섬의 공방을 둘러싼 항공전에서는 한꺼번에 약300기의 일본해군 항공기를 파괴하는 압도적인 승리를 얻기에 이른다. 또한 1944년 2월에는 남태평양의 일본해군 연합함대 최대의 근거지인 트럭 제도에 대한 공습을 감행하여 기지기능을 완전히 상실시키는 것에 성공했다.

절대 국방권을 사수하는 동시에 가장 중요한 기지였던 트럭 제도의 괴멸은 국방권에 큰 구멍이 뚫렸다는 것을 의미한다. 그것도 트럭 제도 방위를 위한 제8방면군의 약10만여 명의 병력이 배치되어 있던 전략 전진기지로서의 라바울이 사실상 고립화 되었다.

라바울의 고립화로 인해 절대 국방권의 주요한 일각이 무너졌다. 그 때문에 라바울의 방비에 비해 현저히 뒤떨어지는 방비시설과 최소한도의 병력밖에 배치되어있지 않았던 제2선 진지로서의 마리아나 제도의 함락이 시간 문제로 해석되는 상황이 되었다.

퀘제린 섬을 중심으로 하는 마샬 제도의 함락, 임펄작전의 실패 등, 태평양 지역이나 동남아시아 지역에서의 전황은 악화일로를 걷고, 결국 1944년 6월에는 마리아나 제도의 중심지인 사이판 섬에 미군이 상륙하게 된다. 사이판 섬의 함락은 제국 수도 도쿄가 미군의 공습권 내에 들어가는 것을 의미함과 동시에, 사실상 절대 국방권의 붕괴로 연결되는 것이었다.

그리고 미군 기동부대와의 결전을 요구한 마리아나 앞바다의 해전 (1944년 6~7월)에서 일본해군의 기동함대는 대형 항공모함 3척과 항공기 395기를 잃어버리는 대 패배를 맛보게 된다. 이로 인해 사실상 일본해군의 기동부대는 괴멸하고 계속해서 사이판이나 테니안 섬 등, 마리아나 제도가 잇따라 점령당하고 중부 태평양의 방위선은 총 붕괴상황에 몰리게 되었다.

이 시기의 유럽전선에서도 1944년 6월에는 연합군이 노르망디에 상륙하고 소련군과 협력하여 독일을 동서쪽에서 협공하는 태세를 갖추고 있었기에 독일의 패전은 불가피한 정세가 되고 있었다. 이렇게 일본을 둘러싼 국제 상황도 적지 않은 영향을 미쳐 일본의 전쟁지도부는 이 이후에는 절망적 항전기 상태에 빠져들게 된다.

이 시기에 마리아나 제도를 출격기지로 하는 미국의 대형폭격기 B29에 의한 본토 폭격이 개시되어 일본의 전쟁 경제는 파탄에 이르게 된다. 그와 동시에 필리핀이나 오키나와·이오지마硫黃島 등, 일본 본토로 직결되는 최전선 지역이 함락되고 미국을 중심으로 하는 연합군의 일본 본토 진공작전이 진척되게 된다. 이렇게 전황의 귀추가 밝혀지고 있던 단계에 이르러서도 일본군은 1945년 8월의 포츠담 선언 수락까지 절망적인 항전을 계속해 막대한 희생자를 낸다.

2. 영·미·일의 전쟁지도체제와 일본의 작전용병술

전쟁지도체제와 통수권 독립제

일본의 넓은 의미로써의 전쟁지도(군사기구가 담당하는 좁은 의미의 작전지도와는 구분한다)체제를 살펴보면, 1878년 12월의 참모본부의 설치를 계기로 하는 군정기관(육군성)과 군령기관(참모본부)과의 기구적·기능적 분리는 그 후에 있어서 군사기구가 정치기구로부터의 독립된 방향을 정한 점에서 중대한 사건이었다.

종래 정치기구의 한 기구로서 기능해야 할 군사기구가 정치기구와 병렬·대등이라는 형태로 독립된 기구가 되고, 그 결과로서 정치의 통제를 거부하고 반대로 정치에 대한 간섭을 구체화하게 된 것이다. 군령권(통수권)의 군정권으로부터의 분리 혹은 정치기구로부터의 독립이라는 의미에 있어서 이것을 통수권의 독립이라고 한다. 이 통수권의 독립이야말로 후에 군부의 정치화를 제도적으로 보장하는 것으로서 군부가 철저한 확대해석으로 밀고나가 정치로부터의 군사 독립을 확보하고 나아가서는 정치에 대한 개입을 강행해 가는 원인이 된 것이다.

이러한 상황을 미국의 정치학자인 사무엘 헌팅턴은 정군관계론의 관점에서 메이지 헌법체제하의 정부의 실태를 두고, '정치'와 '군사'와의 두 가지 영역에서 구성된 '2중 정부'에 있다고 했다(헌팅턴 《군인과 국가》(상권), 하라서방).

이러한 정군관계의 특징은 당연하지만 아시아 태평양전쟁의 전 기간을 통하여 전쟁지도체제와 전쟁지도 내용에 결정적인 영향을 끼치게 된다. 사실, 중일전쟁의 개시기로부터 전쟁지도체제의 강화가 외쳐지는 가운데 국무(정치)와 통수(군사)의 특수 일본적인 정군관계의 존재가 국무와 통수 사이의 대립과 항쟁을 발생시켜 간 것이다.

그래서 국내정치가 전시체제로 들어가자 국무와 통수의 조정을 꾀하기 위해서 대본영 정부연락기관(1937년 11월)이나 연락간담회(1940년 11월)가 설치되었다. 그러나 군부가 통수권 독립제를 방패로써 자기에게 유리한 전쟁지도체제 만들기에 분주했기 때문에 이 시도는 실질적으로 아무런 성과를 얻지 못 했다.

이 시기의 정군관계의 실태라고 하면, 1941년 6월 26일의 제 3회 연락간담회 자리에서 남방대책으로서의 무력진출이 있을 수 있을지 어떨지를 타진하는 마츠오카 요스케松岡洋右 외상(제2차 코노에 후미마로 내각)의 질문에 츠카다 오사무塚田攻참모차장이 '군정략에 관해서는 별도로 하고, 순 통수에 관한 사항은 상담할 필요가 없으며, 또한 이 같은 상황은 일어나지 않고 있다. 상담을 질질 끌 수 있으므로 그렇게 않도록 하기 위해서 자주적으로 정한 것이다' 라고 대답한 것에 상징적으로 나타나 있다.

게다가 참전(외교) 문제와 무력행사 즉, 통수 문제와의 불가분을 주장하는 마츠오카 외상의 집요한 추궁에도 츠카다 참모차장은 통수권 독립제의 절대성을 근거로 하는 협의통수론으로 반론하며 '정략상의 일은 상담이 가능하지만 무력은 이기고 지는 문제, 고등정책은 상담이 가능해도 통수는 불가능하다' 고 정략과 전략의 차이를 강조하며 어디까지나 정치와 전략의 일치 (국무와 통수의 일체화)의 실현에 대한 부정적 자세를 무너뜨리려고 하지 않았다(참모본부 편 《스기야마 메모杉山memo》 하권, 하라서방).

정략과 전략의 불일치 혹은 국무와 통수의 대립·항쟁이야말로 다원적 국가기구를 특징으로 하는 천황제 국가의 모순이 노정된 것이기도 했다. 그러한 모순을 극복하는 방법은 천황의 권위에 의거하는 것 이외에 없었다. 강력한 전쟁지도를 수행하는 진정한 실력자로서의 천황 및 천황 측근들의 존재가 전쟁말기에 떠올라올 소지가 전쟁지도체제의 혼란과 통일불가라는 문제와 동시에 있었던 것이다.

전쟁지도체제의 분열

 전쟁지도체제 일원화와 강화를 목적으로 설치된 연락간담회였지만 이렇게 통수권 독립제가 최후까지 문제가 되었다. 중요 국책의 결정에 대해서는 어전회의의 개최가 필요했지만, 결국 중요 국책의 결정에는 천황의 권위를 활용하는 것에서 정략 및 전략 일치의 실현을 시험해 보는 수밖에 없었다. 여기에서 최대의 문제는, 원래 전쟁지도의 주도권을 손에 넣어야 할 정부가 군부 주도하에 있었던 연락간담회에 실질적으로 속하게 돼 정부가 전쟁지도 구성체의 하나로 위치하게 되어 전쟁지도 운영상의 상대적 자립성을 상실하게 된다.
 그런 움직임으로 인해 아시아 태평양전쟁의 전황악화에 의해 도조 히데키東條英機 내각이 단행한 도조 수상의 육군대신과 참모총장의 3직 겸임, 시마다 시게타로嶋田繁太郞 해군대신의 군령부 총장겸임이라는 인사관계를 매개로 한 정전 양 책략의 일치에 대한 노력도 결국은 겸임으로 수반되는 세부권한의 하부위양이 전부 실행되지 않게 되어, 모조리 실패로 돌아갔다. 즉, 도조 수상의 3직 겸임에 따른 전쟁지도체제 강화 안에 그때까지 참모총장이었던 스기야마 하지메杉山元 대장은 '통수와 정무는 전통적으로 같아서는 안 된다. 이것은 전통의 철칙이다. 육군대신이 총장을 겸해서는 정치와 통수가 엉망진창이 된다. 그러므로 통수의 신장은 저해되는 것이다'라고 강경하게 반대한 경위가 있었다(상게서).

이렇게 단순히 인사에 의한 개혁 정도에서는 통수권 독립제 자체의 폐해를 해소하는 것은 전혀 불가능해서 본래의 정부주도에 의한 전쟁지도체제 확립을 위해서는 통수권 독립제 자체의 재검토가 불가결했다. 그리고 정전 양 책략의 일체화에 마지막까지 실패한 일본의 전쟁지도체제는 당연히 현실의 전쟁수행 정책상에서 여러 가지 장해를 발생시키게 된 것이다. 그것은 이미 말한 것처럼 넓은 의미의 전쟁지도체제의 모순과 동시에, 좁은 의미의 전쟁지도(작전지도)의 혼란을 초래하게 되었다. 즉, 국무와 통수의 대립·항쟁과 병행하여 작전지도부 내에서는 육군과 해군의 작전구상을 둘러싼 심각한 대립이 생기고 있었던 것이다.

예를 들면, 일본과 미국 개전 후의 초기작전 종료 후 해군은 계속해서 태평양지역의 미 해군력 삭감을 목표로 둔 제2차 하와이 공략작전과 미국과 필리핀의 차단을 목적으로 하는 호주 공략작전을 주장하고 육군도 이것에 호응해야 한다고 역설했다. 한편, 육군은 전쟁계속에 불가결한 전략자원의 확보를 목적으로 한 남방작전을 일단 종료하고, 초기의 목적을 실현시킨 상황 하에서는 해군도 포함해 국가의 총력으로 육군 종래의 기본작전 목표였던 소련과의 전쟁에 대비한 준비 실행과 교착상태에 빠졌었던 중국전선을 타개하여 중국의 완전무력제압을 서둘러야 한다는 것이었다.

1942년 3월에 대본영 정부연락회의가 책정한 '금후 취해야 할 전쟁지도의 대강령'에서는 이러한 육해군 작전방침의 불일치로부터 생기는 대립을 회피하기 위해서 육해군 각자의 주장을 동시에 충족시키는 절충안이 채용되게 되었다. 이처럼 국력의 현상을 감안한 종합적 관점에 의해 통일성과 협조성을 유지한 전쟁지도체제도 전쟁지도방침도 확립되지 않은 채였다.

육해군의 작전방침의 미조정은 종래부터 육해군 사이에서 계속되어져 온 주도권 싸움이나 가상 적국의 차이 등에 기인하는 것이기도 했지만 철저한 국가 총력전으로서 행해진 아시아 태평양전쟁에 있어서, 국가의 전력을 이분하는 것과 같은 육해군의 작전지도상의 불일치는 전력이 밑바닥으로 떨어진 상황 하에서는 더욱 더 패배의 길로 박차를 가하게 된 것이었다.

영미의 전쟁지도체제

미국이나 영국의 전쟁지도는 여러 가지 면에서 일본의 그것과 비교해 특이한 전쟁지도체제나 내용을 가지고 있었다. 여기에서는 간단한 설명에 지나지 않지만 일본과의 차이는 현저했다.

우선, 미국의 본격적인 전쟁지도체제는 1942년 2월에 설치된 통합참모본부(JSC)에 의해 확립되었다고 볼 수 있다. 육군참모총장, 육군

항공 총사령관, 해군작전부장, 게다가 대통령부 수석보좌관(레이히 제독)을 구성원으로 하는 통합참모본부는 영국과의 공동 군사작전계획을 검토하기 위해 설치된 합동참모본부의 미국 측 참가구성원이기도 하고, 동시에 미군의 해외에 있어서의 전작전의 계획입안과 지휘의 통일기관으로서의 역할을 하였다. JSC는 그때까지 유일하고 최고 군사지도기관이었던 통합위원회Joint Board를 확대발전시킨 것이었다.

그러나 그것은 단지 군사지도상의 최고기관에서 최고의 군사적 권고기관이라기 보다는 대통령 직속의 전쟁지도 기관으로서 전반적인 전쟁지도 상 대통령 다음으로 중요한 정치적 역할을 담당한 조직이기도 했다. 평상시의 문민공동의 전쟁지도 기관으로서 이미 상설 연락위원회(구성원은 국무차관·육군참모총장·해군작전부장), 전쟁지도회의(국무장관·육해군 두 장관·육군참모총장·해군작전부장), 3인 위원회(국무장관·육해군 두 장관) 등이 존재했지만, 전쟁 시작과 함께 그 활동을 중지하거나 미미한 역할밖에 하지 못 했다.

정전 양 책략의 일치 및 조정기관으로서는 정군협의회가 일정한 역할을 떠맡고 통합참모본부가 군사영역의 책임을 일괄해서 짊어지는 형태로 절대권한을 가지는 대통령의 밑에 정략 전략 양쪽의 일원화가 기획되어 있었다.

실제로는 아시아 태평양전쟁기에 있어서의 전쟁지도는 루주벨트

대통령 측근의 군인지도자 혹은 군부의 권한을 대폭 인정하면서 최종적으로 글자 그대로 대통령의 강한 개성과 지도력이 종횡으로 발휘되는 상황에서 전군일치 및 전쟁지도의 일원화의 철저함이 의도되었다고 지적할 수 있다. 그런 면에서 일본의 전쟁지도에 있어서의 국무와 통수 혹은 군사기구 내부의 불일치나 대립이라는 상황은 미국에서는 거의 볼 수가 없었다(전게서 《군인과 국가》하권, 제3부 참조).

한편, 영국에서는 처칠 수상이 1940년 5월에 소수인원으로 구성되는 전시 내각의 지도적 수반이 됨과 동시에 군부에 대한 강력한 통제권을 가지는 국방대신을 겸직하고 전쟁지도에 있어서의 무제한에 가까운 권한을 한 손에 쥐게 되었다. 군사기구에 있어서는 이미 참모장위원회가 존재하고 구체적인 작전지도기관으로서 기능하고는 있었지만 전쟁지도 전반에 대한 통일적 지도력이라는 점에 있어서 처칠한테 모든 권한이 집중되어져 있었다. 실제로 처칠은 작전지도까지 군인과 협조를 하면서 강력한 주도권을 발휘한 것이다.

이처럼 미국, 영국의 전쟁지도체제는 민간인인 대통령 및 수상의 전쟁 작전지도도 포함시킨 전쟁지도 전반에 걸친 강력한 권한을 특징으로 하며 이른바 문민지도자에게 군부가 전면적으로 복종하는 전쟁지도기구를 만들어 가는 한편 거꾸로 군부가 일정한 정치적 군사적 역할을 떠맡는 조직으로서의 위치를 확보하고 있었던 것을 알 수가 있다.

그것은 본래의 전쟁지도체제의 관점에서 본다면 극히 합리적인 체제가 정비되어져 있었던 것을 의미하며 위험하게 혼자 달리거나 좁은 시야에서 발생하는 독단을 회피하고 문민지도자와의 공동적 전쟁지도의 운영이란 점에서는 거의 이상적인 태세를 확립하고 있었다고 말할 수 있다. 미국, 영국에 있어서는 민간인에 의한 군부통제(문민통제·문민우월)의 개념이나 제도가 민주주의의 발전 속에서 확립되어 온 역사가 있고, 군부도 적극적으로 문민에 의한 통제를 따르는 것에 자기의 입장을 강화함과 동시에 군사기구의 충실을 지향한 경위가 존재한 것이다.

이 점에 있어서 통수권 독립제를 시종일관해서 주장을 계속한 것에서 문민에 의한 통제를 거부하고 군부의 자립성을 고집한 일본 군부와의 기본적인 차이가 인정을 받는다. 일본 군부의 이런 자세에서는 총력전 상황에 불가결한 문민과 군인과의 공동관계에 의한 전쟁지도체제의 확립은 바랄 수 도 없었다. 즉, 일본 군부는 개별적인 작전의 승리에만 얽매이고 전쟁의 전국 속에서 개별 작전을 세워서 대처해 나가려는 전술은 현저하게 결여되어 있었던 것이다.

일본 육군의 작전용병의 특징

용병사상의 관점에서 일본 군대는 아시아 태평양전쟁을 통해서 여러 가지 특징을 나타내어 왔다. 제1차 세계대전에서 밝혀진 것같이 국가총력전의 최대의 특징은 장기간에 걸친 국가소모전이라는 것이었다. 따라서 거기에는 장기전에서 이길 수 있는 전력의 충실과 국내 체제의 정비가 불가결하다. 그런 상황에서 전쟁지도는 장기전에 대한 연구를 바탕으로 운영되었을 것이었다.

그러나 일본 군부의 국가총력전에 대한 관심이 결코 희박하지는 않았으나, 현실의 전쟁지도나 작전방침에서는 항상 단기결전이나 속전속결의 작전사상이 지배적이었다. 그것이 하와이 진주만 기습공격으로 대표되는 전술면에서의 기습과 선제공격의 중시라는 특징으로 나타나게 된 것이었다.

우선, 첫번째 특징으로서 단기결전이나 속전속결의 용병사상의 배경에는 일본의 자본주의의 후진성에 기인하는 공업 생산능력의 저위성으로부터 장기·지구전을 견디어내는 전투 지속능력의 결여라는 근본적인 문제가 있었다. 이것과 더불어 전략자원의 해외의존체질이 작전용병사상을 크게 규제하고 있었던 것도 사실이다. 전략자원 비축의 불충분성이라고 하는 사실은 항공기 생산이나 석유비축의 한계성과 더불어, 육해군의 작전방침의 분열의 원인이 되었던 것이다. 그러한 배경에다 장기전을 회피하고 단기간 내에 승리를 획득하여 점령지로부터의 자원공급을 기다리지 않으면 전쟁지속은 실제로 불가능했다.

두 번째로 극단적인 정신주의를 들 수가 있다. 특히 러일전쟁 후의 '보병조전步兵操典'에서는 공격정신이나 필승의 신념이 적극적으로 논해져 지상전에 있어서의 백병돌격에 대한 과잉한 의존이라는 용병사상으로 구체화되어 있었다. 이른바 '백병돌격 지상주의'를 만들어 낸 정신주의의 배경에는 군의 근대화를 초래할 수 있었던 군사기술이나 장비개발에 대한 관심의 희박함이나 야간공격과 포위공격이라는 전통적인 작전에 대한 고집이라는 문제가 존재했다. 또한 그러한 정신주의에 의거한 용병사상을 밑바탕으로 규정하고 있었던 것은 여기에서도 군 근대화 촉진의 저해요인이 되었던 자본주의 생산능력의 저위성이라는 문제였다.

즉, 근대 전으로서의 국가총력전 상황에 있어서 군사기술의 열세를 정신주의에 의해서 보완하지 않으면 안 되었던 것이었다. 그러나 압도적인 군사기술을 동원하는 미군 앞에서 줄지어 옥쇄를 할 수밖에 없었던 사실이 가리키는 것과 같이, 과잉한 정신주의의 강요는 일본군 병사의 희생을 필요 이상으로 막대하게 만든 것이었다.

군 근대화의 뒤떨어짐, 혹은 근대화에 대한 관심의 희박성, 내지는 물질주의를 혐오하는 일본 군대의 체질이 정신주의를 유지하고 또 전국의 악화에 따르는 전력소모 속에서 정신주의를 더욱 조장하는 악순환이 되었던 것이다.

일본 해군의 작전·용병사상

　일본 해군에 마지막까지 관철되고 있었던 용병사상의 첫번째 특징은 함대결전사상이었다. 미국 해군을 가장 큰 가상적국으로 의식하고 미국의 함대를 결전 예정해역에서 최종적으로 격파하는 것을 해군 군사전략의 기본으로 둔 함대결전사상은 전략이 막힐 때마다 대형군함을 중심으로 하는 함대의 편성에 전력을 쏟게 되었다. 1937년부터 다음해에 걸쳐서 계속 기공된 전투함대 야마토·무사시(기준 배수량 6만 5000톤)는 그 상징이었다.

　이 함대결전사상은 일본 해군항공대가 영국의 전함 프린스 오브 웨일스와 레펄스를 격침한 것에서 스스로의 항공 전력의 우위성을 증명했지만 일본 해군은 전통적 용병의 속박에서 완전히 벗어 날 수는 없었다. 해군 내부의 항공전력 강화 논자의 대두에 의해 그 후 항공모함을 주체로 하는 기동부대의 편성에 착수해 나가지만 함대결전사상을 청산하고 항공 제일주의로 바꾸어 가는 것은 1943년의 과달카날 섬 철퇴 이후가 된다.

　이미 미국의 기동부대군이 압도적으로 우세해서 잔존의 일본 해군 함정은 미국의 기동부대에서 출격하는 항공전력에 의해 차례로 격파되어 소모의 속도를 빠르게 하고 있었던 것이다. 이 점에서 말하면, 일본 해군항공대가 실전에서 증명해 보인 항공 병력의 우위성을 이해하고 해상함 전투함의 건조를 절대적으로 줄여서라도 항공병기의 개발과 제조에 중점을 두고 항공모함 기동군機動群을 중심으로 하는 항공 병력의 충실에 전력을 다 하는 미국과는 대조적이었다.

제2의 특징은 병기체계 자체의 존재였다. 그 중에서도 구축함이나 잠수함 등의 보조함정이 전함이나 항공모함에 대한 공격을 주된 임무로 한 것이었다. 그 때문에 이러한 보조함정에는 전함과 대항 가능한 고속성이나 중무장이 요구되었다. 잠수함만 하더라도 군함격파를 목표로 했기 때문에 대형에다 강력한 어뢰장비가 필요하게 되어 미국과 비교하여 대형함정의 건조가 중심이 되었다. 한편, 미국 해군의 보조함정은 기본적으로 해상수송 선단의 호위를 임무로 했고 그 때문에 대 잠수함 및 대 공병장의 충실에 역점이 두어졌다.

근대전의 가장 중요한 과제라고 해야할 전투 지속능력 확보를 위해서는 보급선을 호위할 전력투입이 명확하게 인식되어져 있었던 것이 다. 그러나 일본 해군에는 전쟁 경제의 대동맥으로서의 본토와 남방점령지를 잇는 해상수송로 확보와 수송선단의 호위에 대한 전력배치라고 하는 관념은 마지막까지 희박했었다. 그것이 연합군의 공격에 의한 수송선단의 피해를 막대하게 한 것이고, 전투지속능력을 현저하게 저하시켜 전쟁수행을 곤란하게 만들어 간 것이다.

해상호위에 대한 관심이 희박했던 최대의 원인은 함대결전사상이 보조함정의 역할을 계속 규정한 것에 있었다. 즉, 태평양지역에 있어서 미국 해군과의 결전에 앞서, 아시아에 내항하기 전에 가급적이면 보조함정이 파상공격에 의해 미국 함대의 전력에 타격을 주고 대등한 전력수준을 획득한 뒤에 결전에 임하려 하는 일본 해군의 전통적인 작전 용병이 걸림돌이 되었던 것이다.

제3의 특징은 정찰·통신·정보·암호해독 등으로 상징되는 정보전략의 결여라는 문제였다. 근대전은 정보전으로서의 성격을 상당히 가지고 있는 바, 어느 정도 뛰어난 병기와 병력을 보유했다 하더라도 그것을 유효하고 정확하게 운용하는 정보전략이 확립되어 있지 않으면 정보전으로서의 근대전에는 한계가 있다.

이른바 하드웨어적 측면에서의 병기 및 병력과 소프트웨어적 측면으로서의 정보전략과의 유기적인 관련이야말로 근대전의 승패를 가르는 요건이었던 것이다. 그래서 일본 해군은 미국 해군과의 대항에서 정보수집체제의 정비, 암호해독의 기술, 레이더장비 등 어느 면에서도 결국 그 큰 격차를 최후까지 메울 수가 없었다. 거기에는 제로전이나 야마토·무사시로 대표되는 일본 해군의 정면 정비체계의 돌출성과 정보통신시스템 정비의 후진성과의 모순이라는 문제가 존재한 것이다.

이렇게 메이지 헌법체제의 분권성으로부터 파생한 통수권 독립제로 상징되는 군부의 특권에 의해 구미의 민주주의국가에 있어서 구현된 듯한 강력한 문민통제를 전제로 하는 일원적인 전쟁지도체제의 확립은 실패로 끝났다. 그것뿐만 아니라 순 군사적 관점으로 보더라도 일본의 작전지도나 용병사상에 나타난 전 근대적인 체질은 보다 철저한 국가총력전인 아시아 태평양전쟁에서의 패배를 가속시켰으며 또한 결정짓는 것이 되었다고 말할 수 있다.

그러나 보다 근본적인 문제는 일본 근대화의 과정에서 성장해 온 군사영역의 폐쇄성이며 그 폐쇄성이 군사영역의 문제는 군사관료 등, 극히 일부의 군사 전문가들에 의해서만 독점되는 것이라는 통념을 정착시켜 간 것이다. 그것이 군의 기술적 수준이나 용병사상의 근대화를 방해해 왔다고 말할 수 있다.

문민통제 노선 속에서 군사기구의 합리화를 꾀하고 일반사회에 있어서 군의 인지를 얻음으로써 국가총력전에 적합한 전쟁지도체제를 확립한다는 합의가 형성되지 않은 곳에도 전전기戰前期의 일본의 전 근대성과 민주주의의 미숙이라는 문제가 놓여져 있었던 것이다.

제3장
독·일 동맹관계의 행방

일본 외무성 관저에서 독·일·이 삼국 군사동맹 체결 축하연회

1. 독 · 일 · 이 獨 · 日 · 伊 삼국 동맹체결과 일본의 진로
- 아시아 태평양전쟁의 배경과 전개

일본의 동맹외교

　메이지 근대 국가의 성립과 동시에 일본은 많은 독일인을 기술자나 군제개혁의 지도자로 초빙한 역사를 가지고 있다. 대일본 제국헌법제정에 즈음해서는 제정 독일의 헌법을 모방하는 등, 긴밀한 관계를 유지하고 있었다. 또한, 메이지부터 쇼와시대를 통해서 근대 국가를 지탱해 온 육군군인, 의학자, 법률가 등 많은 사람들이 독일에 유학하여 그들의 선진기술이나 학문을 일본으로 받아들여 국가발전의 원동력이 된 것이다. 하지만 청일전쟁에서 일본이 획득한 요동반도를 삼국간섭(1895년 4월)으로 인해 청국에 반환하고, 그 삼국에 독일이 참가한 것으로 일본과 독일의 외교관계는 크게 뒤틀어지게 된다.
　제1차 세계대전에서 일본은 독일을 적국으로 하고 영국 · 프랑스 · 미국 등의 연합국 측에 서서 대전에 참가했다. 연합국의 승리로 독일의 조차지였던 중국의 웨이하이웨이威海衛, 남양 제도南洋諸島, 비스마르크 제도를 획득하자 일본과 독일 관계는 한층 더 험악한 관계가 되었다. 그런 불행한 역사는 일본, 독일 양 정부 및 국민의 우호 관계의 구축을 거의 절망적인 것으로 만들어 갔다.

물론 프랑스식 편성에서 독일식 편성으로 바꾸고 나서 일관되게 독일 육군을 모범으로 해 온 육군이나 독일 국가학의 영향을 받은 법률학자나 정치학자를 비롯해 독일에 친근감을 안고 있는 엘리트집단은 적지 않았었지만, 삼국 간섭으로 시작되는 불행한 독·일 관계에다 외교 노선으로서 친 독일 노선이 부상할 기회는 1930년대에 들어서기까지 주어지지 않았다.

되돌아보면, 메이지와 다이쇼기 일본의 외교 노선은 1902년 1월에 체결된 영·일 동맹(1922년 폐기)과 1907년 7월에 체결된 러·일 협상(1917년 폐기) 이 두 가지로 대표된다.

사실, 러일전쟁은 당시 남하정책을 지향하는 러시아를 영국과 일본이 양국 공통의 적국으로 삼고 영국의 재정적 지원을 받아서 시작한 전쟁이었다. 게다가 일본이 조선을 병합하고 본격적인 식민지 보유국이 되어 가는 배경에는 영국의 암묵적 지지가 있었던 것이다.

한편, 러·일 협상도 러시아혁명(1917년 11월)에 의해 좌절되지만, 일본은 러일전쟁 이후 러일 재전쟁의 위기회피, 식민지 조선의 경영과 중국에 대한 권익확보책 추진을 위해 불가결한 것이라는 인식을 계속 해 왔다. 게다가 영국·프랑스·미국을 견제하기 위해서도 러시아와 우호관계의 유지 및 추진은 국익의 발전을 위해 불가결이란 외교인식이 존재했다.

그렇다면 러시아와의 외교관계는 어떠했는가? 러시아혁명을 계기로 시베리아 각지에 탄생한 소비에트정권을 붕괴시킬 목적을 가지고 일본도 시베리아 간섭전쟁에 합류했다. 그리고 1918년 8월, 시베리아 출병을 선언하고 이후 철퇴하는 1925년 5월까지 약 7만 5000명에 달하는 대 병력을 파견했다. 이 기회에 일본과 소비에트 신정권과의 관계는 한때 두절되었지만 간섭전쟁 종료 후에서 1938년 7월의 장고봉張鼓峰사건으로 일본·소련 양군이 군사충돌을 하고 다시 관계가 악화될 때까지 국내의 반소·반공 감정이 강하게 존재했으나, 한편으로 외교관계는 대체로 양호했다.

또한 영국과의 관계에서도 1921년 11월에 개최된 워싱턴 군축회의에 의해 영·일동맹의 폐기가 결정되고, 게다가 일본의 중국에 대한 권익획득의 행동이 억제되기는 했지만 그 일로 인해서 일본 국내가 즉각 반영 감정이 높아졌던 것은 아니었다. 그것보다도 영·일 동맹의 폐기후도 일본과 영국의 관계는 영국과의 경제관계 유지의 필요성과 영국의 사실상의 동맹국 미국과의 관계촉진이라는 관점에서도 그야말로 중요과제로서 인식되어 있었던 것이다.

전기轉機가 된 국제연맹의 탈퇴

이러한 메이지 국가 성립 이후의 일본의 외교 노선의 전개에 있어서 일본과 독일이 접근할 이유는 희박하며 오히려 대립이나 상호 무시상태가 일관되게 계속되었던 것이다. 그러한 독일 관계에 큰 전환기가 된 것은 일본과 독일의 잇따른 국제연맹으로부터의 탈퇴였다. 여기에 양국의 접근의 가능성이 생기게 되었다.

그것은 1931년 9월 18일에 관동군에 의해 야기된 만주사변을 전환기로 한다. 일본에 대한 국제여론의 비판과 국제연맹으로부터 파견된 리튼 조사단에 의해 일본의 자위권발동이라는 변명이 부인되고, 더욱이 1933년 2월에 개최된 국제연맹총회에서 리튼조사단의 보고서가 압도적 다수에 의해 승인된 후 다음달 3월에 외무대신 우치다 고우사이內田康哉는 국제연맹사무총장 돌랜드에게 국제연맹의 탈퇴를 통고했다.

일본이 영국이나 러시아와의 외교관계를 유지하는데 있어서 매개적 역할을 했던 국제연맹을 탈퇴한 것은 일본의 일련의 중국 침략행동 그 이상으로 구미제국의 대일 인식을 새로이 하려는 결과가 되어 일본은 국제연맹이라는 매개기관을 스스로 포기함으로써 국제적으로는 고립화의 길을 선택하게 된 것이다.

한편, 1932년 7월 히틀러가 이끄는 나치스당은 선거에 의해 제1당으로 약진하고 다음 해 1월에 히틀러가 정권을 장악하자마자 제1차 세계대전에 패배한 이래 정해진 군비제한의 조건철폐를 일방적으로 요구하고 본격적인 재군비를 강행하기에 이르렀다. 이런 독일의 재군비 선언은 독일의 숙적이며 독일의 강대화를 경계하는 이웃나라 프랑스를 자극하게 되었다.

독일과 프랑스 양국의 관계 악화가 유럽대륙, 나아가서는 전 세계의 불안정 요인을 형성한다는 관점에서 국제연맹은 관계개선을 위해 노력을 거듭했다. 그렇지만 실제로는 프랑스의 의견을 기본적으로 지지하던 국제연맹에 강한 불신과 불만을 안고 있었던 독일은 일본과 비슷한 1933년 10월에 국제연맹을 탈퇴하게 된다. 그것을 기회로 독일은 재군비강화의 길을 강행하고 유럽에서의 패권쟁탈에 사실상 입후보하게 되지만 동시에 그것은 고립화의 길이기도 했다.

독일은 특이하게도 1933년 3월에 국제연맹을 탈퇴한 일본과 그때까지 희박했던 외교관계를 재검토하고 고립화로부터의 탈피를 꾀하려고 했었던 것이다.

독일 외교에 있어서의 일본의 위치

고립화의 회피와 구미열강들과의 대항축의 형성이라고 하는 두 가지 과제의 극복을 목적으로 하고, 특히 제1차 세계대전 이후에 있어서도 볼만한 외교관계도 문화교류도 전무했었던 일본과 독일 양국이 갑자기 가까워지게 된다.

히틀러는 《나의 투쟁》(1925년 간행)에서 일본의 문화는 월광문화라고 단언하고 있다. 즉, 일본의 문화라고 불리는 것 중에서 일본이 스스로 창조한 문화는 전무한 것과 다름없고 거기에서 굳이 문화라고 부를 수 있는 것은 결국은 유럽문화에 비추어져서 처음으로 빛을 발할 수 있는 문화에 지나지 않는다고 했다. 일본 민족은 문화 창조능력이 결여되어 있다고 단언하고 있는 것이다.

일본과 동맹을 맺으려고 하는 독일의 최고지도자가 독일국민의 필독서라고 하는 서적에서 일본의 문화수준을 낮게 평가한 것은 독일인의 대일관에 적지 않은 영향을 준 것이 사실이다.

사실, 당시의 일본과 독일은 인적·문화적 교류도 희박하였고 히틀러정권의 브레인이라고 불리는 사람들 가운데에도 일본을 이해하고 공감하는 사람은 거의 전무하다시피 하였다. 그래도 굳이 예를 들자면, 《대일본》(1913년)이나 《지리적 발전에 있어서의 일본제국》(1921년)을 저술한 지정학자 칼 하우스호퍼 정도다. 하우스호퍼는 미국·영국·프랑스라고 하는 독일의 대항국과의 관계에서 베를린·모스크바·도쿄를 중심으로 하는 축의 구축을 제창했다.

히틀러의 외교 브레인의 한사람으로 나중에 외무대신을 역임하는 리펜트로프도 분명히 일본 문제에 대해서는 하우스호퍼로부터의 정보에 의지하고 있었지만 하우스호퍼 자신이 히틀러정권 내에서 유력한 위치를 차지한 것도 또 대일 외교에 중요한 역할을 한 것도 아니었다.

그러한 경위가 있으면서도 고립화의 회피와 구미의 대항축 형성을 통감한 독일 외교는 유엔탈퇴와 동시에 독일을 맹주로 하는 동맹 상대국을 조급히 확보하는 외교의 새로운 전개를 준비하게 된다.

일본과 독일의 관계는 외교는 물론이거니와 경제적 문화적 여러 영역에 있어서 이렇다할 교류는 없었지만 객관적으로 보면 공통되는 측면이 전혀 없었던 것은 아니었다. 양국은 1870년대의 산업혁명을 경험하고 선진 구미 자본주의제국을 따라 잡기 위해서 강력한 국가주도의 자본주의의 발전을 꾀하여 뒤늦게 식민지 보유국의 전열에 가담했다. 그러나 본래가 불충분한 자본력에다 식민지경영도 해외시장의 개발도 뒤떨어졌다.

특히 일본의 경우는 근대 공업국가로서의 체제를 급속히 갖추어가기위한 자본이나 기술이 부족했기 때문에 영국이나 미국에 의존을 할 수 밖에 없었던 것이다. 거기에서 아시아에 대한 패권주의의 표출과 그 반면의 구미 선진 자본주의국에 대한 의존이라는 이중 제국주의 국가로서 발전의 길을 선택할 수밖에 없었으며 그것이 국내의 외교방침의 동요나 외교 노선을 둘러싼 제반 세력의 대립과 항쟁으로 연결되었던 것이다.

독일의 경우 일본에 비교하면 자본력과 기술력이 나은 편이었지만 영국이나 미국보다 뒤떨어져 있었던 것은 부정할 수 없는 사실이었다. 또한 매우 비좁은 식민지와 시장, 그 결과 항상 자본주의 발전에 일정한 제약을 받지 않으면 안 되었다. 그것이 독일 국내에서는 반영·반미·반프랑스 감정으로 축적되어 독일 내셔널리즘으로 드러나게 된 것이었다.

이러한 독일 국민의 감정을 교묘한 정치적 에너지로 표출시켜 정권획득에 성공한 것이 히틀러였다. 이러한 상황의 진전 속에서 독일은 대일 접근정책을 구체적으로 채용해 간다. 그것은 1940년 9월의 독·일·이 삼국 군사동맹으로 귀결된다.

독·일·이 삼국 군사동맹의 체결경위

독일에서는 히틀러가 정권장악에 성공하고 나서 국회 방화사건을 날조하여 독일 공산당을 비 합법화하는 등, 적대관계의 국내세력을 모조리 제거하고 국회에서 전권위임법을 성립시켜서 히틀러가 독재적인 권한을 장악하게 된다. 그리고 국제연맹 탈퇴 후 독일은 1935년 10월에 에티오피아를 공격한 이후, 뒤늦게 출발한 자본주의국가로서의 본격적인 식민지 보유국가가 되고 동시에 영국과 프랑스를 중심으로 국제여론으로부터 엄격한 비판을 받고 있던 이탈리아와의

삼국 군사동맹 체결 후, 히틀러와 마츠오카 외상

관계강화를 돈독히 하기 시작했다.

구체적으로는 1936년 10월, 로마·베를린을 추축樞軸으로 결성되지만 이것도 에티오피아 공격으로 국제적인 고립화에 빠져 있던 이탈리아와 스페인 내란에 대한 간섭을 본격화하여 국제사회의 거센 비판을 받고 있던 독일과의 급격한 접근의 결과였다. 이 로마·베를린 추축에, 아시아에서 세력을 확장하고 있던 영국과 프랑스를 견제하고 게다가 사회주의 소련을 중립상태에 두거나 경우에 따라서는 자기 진영으로 끌어넣기 위해서라도 독일은 일본과의 연대강화를 모색해야만 했다.

그 첫번째가 1936년 11월에 체결된 독일·일본 방공협정(반 코민테른협정)이다. 협정체결에 임했던 사람은 독일 측에서 나치스당의 외교부장격이었던 리펜트로프, 일본 측은 독일대사관 부무관이었던 오시마 히로시大島浩 육군소장이었다.

오시마 소장은 리펜트로프와 접촉하면서 나치에 심취하여 강렬한

독·일 동맹관계의 행방

반공의식을 품게 된다. 오시마는 당시 일본 육해군용의 군용기 영업에 급급해있던 하인켈항공의 하크를 통하여 독일에 방공협정 체결을 타진하고 있었는데 1935년 10월이 되자 리펜트로프로부터 일본 육군에 의향의 문의가 있었다. 이것을 받고 참모본부에서 파견된 참모본부 제2부(정보) 독일반장의 와카마츠 다다이치若松只一 중좌와 리펜트로프와의 회담에서 독일 측은 같은 해 여름에 개최된 코민테른 제7회 결의가 일본과 독일에 위협을 주는 내용이라는 정세판단을 표명하며 급히 반 코민테른 협정체결을 제안했다.

양국의 교섭은 1936년 2월에 일어난 일본 육군의 반란사건인 2.26사건으로 인해 일시적으로 지체되어 일본 측 교섭의 주체가 육군에서 외무성으로 옮겨가긴 했지만 일본 육군의 강한 영향아래 히로타 고우키廣田弘毅 내각의 아리타 하치로有田八郎 외무대신의 책임으로 진행되어 11월 25일에 베를린에서 조인하게 된다.

독·일 방공협정은 코민테른(공산주의의 인터내셔널)에 대하여 상호 방위조치의 협의를 정한 것이지만 비밀부속협정으로 협정에 위반하는 조약은 소련과 일체 체결하지 않는 것을 확인하는 것이기도 했다. 즉, 우선 국제 공산주의운동에 대한 대항축의 형성이란 목적 하에 국제적 고립을 계속 당하고 있던 독·일 양국이 접근한 것이었다. 그후 1년 뒤인 1937년 11월에 이탈리아도 참가하여 12월에는 일본과 독일을 쫓는 형태로 국제연맹을 탈퇴하게 된다.

그리고 독일·일본·이탈리아 방공협정을 군사동맹으로 발전시킬 기획이 독일로부터 제안된다. 그 단서로 1937년 11월, 히틀러는 독일국방군이나 외무성의 간부를 소집해서 회의를 열고 그 자리에서 영국과 프랑스를 주축으로 하는 국제질서(베르사이유 체제)의 타파를 강조하며 구 연합국에 대항 가능한 군사력을 갖출 수 있다는 상황을 확인한 뒤 우선은 유럽의 독일화 즉, 독일에 인접한 여러 국가에 대한 침략행동을 시작한다.

독일 측의 의도

이 즈음, 히틀러는 독일이 새로운 유럽 질서의 형성을 감행할 경우 최대의 장벽을 영국으로 보고 있었기에 대 영국 정책이 독일의 당면 외교 군사목표를 달성하는 최대의 현안임을 인식하고 있었다. 거기서 히틀러는 영국의 대독 제재행동을 배후에서 견제할 역할을 일본에 요구하려고 한 것이다. 그러기 위해서는 독일·일본·이탈리아 방공협정을 군사동맹으로까지 발전시켜서 삼국의 결속을 강화하는 것이 전제조건이라 생각하고 있었다.

이러한 히틀러의 의향을 받아들인 리펜트로프(당시 독일 주영대사)는 1938년 1월, 오시마 히로시 육군소장에게 동맹체결에 관한 제안을 하게 된다.

독일의 대일 접근정책은 다음 달인 2월에 히틀러가 국방군을 완전히 통제 하에 두고, 거기에 심복인 리펜트로프를 외무대신으로 임명하며 박차를 가하게 된다. 같은 해 4월에 리펜트로프는 주일 독일대사로 대사관부무관이었던 옷토 육군소장을 임명하고 일본 측과의 직접적인 교섭역을 담당하게 한다.

리펜트로프 외상은 옷토 대사를 통해서 일본을 동맹관계에 끌어넣기 위해 그때까지 독일 외무성이 답습해 온 친 중국정책을 포기시키고 1938년 2월에 만주국을 승인, 4월에는 중국에 대한 무기 및 전쟁자재의 수출금지 조치를 단행하고 또한 독일 군사고문단의 철수와 주화駐華 독일대사의 소환 등, 일련의 대일 외교 전개에서 일본에 대한 회유정책을 강화하게 된다.

이와 병행하여 독일은 이탈리아에 대해서도 동맹참가를 권유한다. 이에 에티오피아 병합을 승인하는 등, 유화외교를 전개하고 있었던 영국의 외교공세에 우물쭈물하고 있었던 이탈리아도 알바니아에 대한 병합의도가 결합되어 삼국 동맹참가의 의사를 확고히 하기에 이른다.

일본 국내에서는 독일의 대일 접근정책을 접하고, 이것을 고착화되고 있었던 중일전쟁의 타개책으로 여기고, 육해군성 및 외무성에서는 삼국 동맹체결에 대한 적극적인 자세를 취하게 된다. 동맹은 1940년 9월에 체결되었지만, 거기까지 이르는 경위는 실제로 우여곡절을 되풀이하게 된다.

여기에서의 기본적인 문제는, 일본에 의한 영국에의 견제를 동맹의 주요한 축으로 하는 구상을 독일이 가지고 있었던 것에 반해, 일본 정부는 독일에 대소동맹을, 이탈리아에는 대영견제를 기대하는 것을 골자로 하는 동맹을 기획하고 있었던 것이다. 거기에서 독일과 일본의 구상이 어긋나게 되고 그 조정에 많은 시간이 걸리는 결과를 낳았다.

그 다음으로 독일은 일본에 동맹의 대상국을 소련으로 한정하지 않고 제3국으로 하고, 이 경우의 제3국에 영국과 프랑스를 포함한다는 안을 내보였다. 고노에 후미마로 내각의 우가키 가즈나리宇垣一成 외무대신은 일본 정부의 입장으로서 대 소련을 한정으로 하고 영미를 당면 적대시하는 성격이 아니라는 것을 독일에 알리려고 했지만, 육군은 소련뿐 만아니라 영국과 프랑스도 대상에 포함하는 동맹체결을 희망하는 취지를 강경하게 주장했다. 육군은 독자적인 외교루트를 통해 독일에 동조하는 선에서 우가키 외상의 의향을 무시하고 교섭을 진전시키려고 하였다. 고노에 내각에서는 결국 결론을 내지 못하고 다음 히라누마 기이치로平沼騏一郎 내각에서 결착이 된다.

일본 해군의 태도

독일·일본·이탈리아 삼국의 군사동맹 체결까지 일관되게 주도권을 쥐고 있었던 것은 일본 측에서는 육군이었지만 종래의 연구에서 군사동맹의 체결에는 반대나 신중론이 대다수를 차지하고 있었다고 생각된 일본 해군도 일부를 제외하면 이 반 영국적 성격의 색깔이 짙은 동맹체결에 적극적이었다. 실은 해군의 입장이 최종적으로는 육해군 및 외무성이 일치해서 체결에 매진한 큰 배경이 된 것이다.

독일·일본·이탈리아 삼국 동맹체결이 문제로 부상했을 때 해군 수뇌부는 해군성이 요나이 미츠마사米內光政 해군대신, 야마모토 이소로쿠山本五十六 해군차관, 군령부가 후시미노미야 히로야스伏見宮博恭 군령부총장, 고가 미네이치古賀峯一 군령부 차장이었다. 이들 수뇌부들은 당초 무조건 독일 측이 구상하는 군사동맹에는 반대의 자세를 보이고 있었던 것은 사실이지만, 그것은 독일 주도의 군사동맹이 영국과의 대립관계를 첨예화시키고 나아가서는 일본 해군의 제일 가상적국인 미국을 지나치게 자극하는 것을 경계했기 때문이다. 이른바, 상황판단으로서 정치적 배려를 우선하고 영미에 대하여 표면적으로 그런 자세를 채용했던 것에 지나지 않았다고 말할 수 있다.

실제로는 해군성 내에서도 군령부 내에서도 만주사변 이후에는 조만간에 생겨날 영국과의 대립격화로 인한 전쟁발발에 대비하여 중국

광둥성이나 하이난 섬에서의 기지 획득을 위한 남진정책에 대한 적극적인 채용이 눈에 띄게 나타나고 있었다. 해군 수뇌의 공식견해와는 달리 해군 내에서 실권을 발휘하고 있었던 중견 군사관료들은 대부분이 독일과의 무조건 동맹체결에 합의하는 의향을 확고히 해 가는 것이다.

이들 해군 내의 중견 군사관료들이 독일이 제안하는 동맹안을 최초로 접한 것은 1938년 8월, 독일에서 귀국한 참모본부의 가사하라 유키오笠原幸雄 소장이 독일 측의 제안을 해군성과 군령부의 수뇌에게 설명하고 나서부터라고 되어있지만 실제로는 해군도 독자적으로 주독駐獨 일본대사관부 해군무관인 고지마 히데오小島秀雄 소장이 독일 측의 의향을 감지하고 있어서 동맹체결에 대한 관심은 높아져 있었다.

한편, 참모본부 가사하라笠原 소장은 8월7일에 해군 수뇌가 모인 석상에서 독일 측의 동맹에 관한 취지 설명을 했다. 그 설명을 받은 해군 사무당국은 '자동적 참전'의 회피, 이탈리아의 가입에 의한 동맹대상국의 영국과 프랑스로의 확대를 조건으로 동맹체결에 찬성의 입장을 취하려고 했었다. 그 때 해군 내에서는 동맹에 반대의 의사를 굽히지 않았던 고가 미네이치 군령차장, 결국 조건부 찬성의 태도를 보이게 되는 요나이 미츠마사米內光政 해상, 처음부터 적극적인 동맹체결을 지지했었던 해군 중견간부들의 의견대립이 부각되어져 해군

내의 동맹체결에 대한 의향은 반드시 일치된 상황이 아니었다. 하지만 히틀러가 정권을 장악하는 즈음에서 동맹체결 문제가 부상하는 1938년경에 걸쳐서 '친독일파'로 부를 수 있는 중견간부의 존재가 눈에 띄게 등장하게 되었다. 그들은 동맹체결 문제의 주도권을 쥐고 거기에다 해군 독자적인 중국에 대한 정책을 실행하는 것이나, 미일개전 결정과정의 중대한 사안을 주도하게 된다.

해군 내 '친독일파'의 등장

해군 내의 독일의 히틀러정권을 암묵리에 지지하는 세력이 등장하는 것은 역시 동맹체결 문제가 본격적으로 부상하는 1938년경이라고 볼 수 있다. 당시 해군성 임시조사과장이었던 다카기 소우키치高木宗吉 대좌(현재 대령에 해당)는 1940년 7월 27일에 '제국의 근정과 해군의 입장'(다카기 소우키치 관계자료)이라는 제목의 보고서 속에서 유럽에서는 새로운 시대의 개막의 상징으로서 이탈리아나 독일에서 일어난 파시즘에 관심이 높아지고 있는 것을 적나라하게 기록하고 민주주의나 자유를 표방하는 선진제국 주도의 구미 질서가 붕괴되기 시작하고 있다는 판단을 적고 있다.

다카기는 일본이 특히 독일의 사상이나 문화를 모방하고 영·미 양국에 대한 지나친 의존제체를 재검토하여 독일·이탈리아와의 구

추축관계를 강화하는 것으로 강력한 파시즘 국가로서 아시아에서 주도권을 쥐는 절호의 기회가 온 것이라는 인식을 나타내려 한 것이다. 즉, 파시즘의 시대조류야 말로 앞으로의 새 질서 형성의 열쇠라고 하며 그것은 영·미주도의 구질서를 해체하는 힘으로 보고 있었던 것이다.

해군 내의 '친독일파'에 거의 공통으로 이러한 생각이 만들어지는 것은 보다 구체적인 역사적 배경이 가로놓여 있기도 했다. 그것은 만주사변까지 거슬러 올라가지만 육군 주도하에 진행되고 있던 중국 동북부에 대한 침공 작전의 성공에 해군은 심각한 초조감을 가지게 되는 것이다.

즉, 육군에 대항하여 해군 독자적인 입장을 제시하지 않으면 해군 예산의 삭감이나 국내의 영향력 저하를 초래하기 십상이라는 것이었다. 그래서 해군은 만주사변의 다음 해에 만주와 달리 영·미자본의 이해관계가 뒤얽힌 상하이에서 사변을 일으켜서 거기에다 군사압력을 가하는 것으로 일본 재계의 지지를 확보하려고 했던 것이다.

더욱이 다카기는 보고서 속에서 '오늘날 제국이 경제적으로 영·미세력에 의존하는 실상이며 그것으로 인하여 국교를 조정하려는 희망을 가지는 것은 할 수 없지만 그러나 일본이 혹은 대륙으로 혹은 해양으로 발전하여 세계질서의 건설에 나서는 이상, 각각의 구체적인 현상은 어쨌든 대세는 영·미와의 충돌을 피할 수 없음은 필연의 추세인 것과 같다'(전게서)라고 단언하고 있었던 것이다.

즉, 당분간은 영·미와의 관계를 악화시키는 것은 가능한 한 피해야 한다고 하면서도 세계 신질서의 확립이라는 큰 목표를 위해서는 영미와의 전쟁을 필연이라고 했다. 여기에서 말하는 세계 신질서라는 것은 구체적으로는 영국, 프랑스, 미국의 이권쟁탈을 전제로 하면서 중국이나 동남아시아 지역에서의 일본의 패권확립을 의미했다.

그리고 이 같은 신질서를 확립하기 위해서 독일이나 이탈리아와의 동맹관계를 구축하고 영국, 프랑스, 미국에 대한 강력한 대항축을 조기에 형성해야 한다는 것이었다. 다카기로 상징되는 이 태도는 당시의 해군 중견층 간부에게 거의 공통적으로 나타났으며 그들을 친독일파로 칭할 수 있는 근거가 되었다.

친독일파의 목표

이 친독일파와 대항하는 세력, 예를 들면 '친영미파' 같은 그룹이 존재하여 양쪽파가 해군 내에서 주도권 싸움을 했었다는 것은 아니다. 물론, 동맹체결 문제가 부상했을 때, 일관하여 동맹에 반대의 자세를 보였던 고가古賀 군령부차장 같은 수뇌나 중견간부가 존재한 것은 사실이지만 그것은 고작 체결 시기나 조약의 내용, 그리고 독일과의 연대강화에 의한 육군의 정치 군사지도의 주도권 강화에 대한 경계심에서 나온 것이어서 해군 전체가 여기에 와서 대영미전쟁을 회피하고 독일이나 이탈리아의 진영과 거리를 두려고 한 것은 아니었다.

그러한 의미에서 동맹체결 문제가 부상한 시기에는 이미 해군 내에서는 여기서 말하는 친독일파가 주요한 역할을 맡을 정도가 되었고, 게다가 동맹체결까지는 약간의 우여곡절이 있었다할 지라도 최종적으로는 해군도 일·독·이 삼국 군사동맹에 장래의 일본 그리고 해군의 발전의 기회를 추구하려고 한 것이다.

해군이 최종적으로 독일, 일본, 이탈리아의 삼국 군사동맹의 체결에 찬성한 것은 이들 친독일파가 결국 해군 내의 주도권을 쥐게 되었기 때문이었다. 말하자면 해군 전체가 거의 '친독일파' 세력으로 채워지고 글자 그대로 독일 측 정책을 채용하기에 이르는 이유는 종래부터 현안이었던 육해군의 주도권 싸움에 종지부를 찍고 육해군이 공동으로 시국대응을 하기 위해서라도 무조건 동맹체결을 서두르는 육군과의 공동 발맞춤이 불가결하다고 판단했기 때문이다.

친독일파가 일치하는 목표는 결국 영·미중심의 질서를 타파하고 일본이 아시아의 맹주가 되어 이 땅을 대동아공영권의 슬로건 아래에 일본 자본주의의 독점적 시장으로 하는 것이었다. 그 목적달성에 있어서는 해군이라도 육군과 같아서 일본 자본주의의 발전의 기초를 군사력으로 개척해 가는 것이 육해군의 사명인 이상, 해군이 독일, 이탈리아와의 동맹관계에 반대하는 것은 실제로는 불가능했고, 오히려 이것을 적극적으로 지지해 가는 것으로, 육군과 같이 국가의 중축으로서의 역할을 다할 수 있었던 것이다.

이러한 자세가 친독일파를 불가피하게 만들어 낸 것이며 그런 의미에서 친독일파의 등장은 당시의 해군이 놓여졌던, 좀 더 말하자면 육군을 포함한 일본이 놓여졌던 객관적 상황의 필연적인 흐름이었다. 즉, 독일・일본 방공협정체결에 의해 영・미질서에 대항하는 새 질서 속에 스스로의 발전 여부를 군사력으로 자아내려 한다면 독일이나 이탈리아와의 동맹관계의 형성밖에 선택이 없었던 것이다. 그처럼 지극히 한정된 선택밖에 남지 않은 상황으로 스스로를 몰고 갔던 것은 무엇보다도 군사력에 의해 경제적 이익의 확대를 지향해 온 근대 일본 자본주의의 크나큰 과오의 결과였다.

2. 일본은 왜 대영미전을 단행했는가
- 개전의 진상

중국 문제가 개전원인

　명확한 국가의사에 의해 대영미전 개전이 결정된 사실을 밝힌 것은 전후 정치사 연구의 주요한 성과의 하나다. 대영미전 개전의 원인 구명이야말로 아시아 태평양전쟁의 의미를 파악하고, 그러한 전쟁에 이른 근대 일본 국가의 성격을 부상시켜 가는 과정에서 불가결한 작업이라고 하는 역사인식이 오늘날 깊어지고 있다.

　일본이 대영미전을 단행한 최대의 이유는 대륙정책이라고 칭하는 중국 문제에서 생겨난다. 대륙정책은 근대 일본 국가의 성립이후 일관해서 전개되어 청일전쟁이나 러일전쟁도 대륙정책의 연장이었다. 쇼와시대만 하더라도 일본의 군사·외교정책의 최대의 현안사항이 중국 문제에 있었던 것은 틀림없다. 국가총력전에 대응하는 군의 근대화가 요청되면서 특히 육군 내에 있어서 군 근대화에 대한 의사통

일이 불충분했던 것은 소련을 첫번째 가상적국이라고 하면서도 현실로는 대 중국전을 상정한 군비편성에 비중이 두어졌기 때문이다.

또한, 산둥山東 출병(1927년 5월)이라는 중국에 대한 군사개입에 의해 쇼와시대의 막이 오르고, 그것이 대륙정책의 주창자였던 육군출신의 다나카 기이치田中義一정권에 의해 단행되어진 것은 상징적인 사건이었다. 또한 장작린張作霖 폭살사건(1928년 6월)은 일본 육군에 의한 중국 동북부의 사실상 직접 지배의 첫걸음이며 그 연장선상에 중국 동북부의 군사점령이라는 역사가 쌓여져 갔다. 소위 만주사변(1931년 9월)의 발발이었다.

만주사변 후의 만주국에서 만주제국의 건설은 중국 심장부인 화북·화중방면의 침공의 시작이었다. 중일전쟁(1937년 7월)의 시작은 일본의 중국침공에 대한 중국민중에 의한 전면적인 반항의 개시를 통고하는 것이었으며, 일본은 이것을 계기로 중국대륙 전역에 방대한 군사력을 투입하고 중국 국내의 권익확보에 힘을 다하는 것이었다.

중국 동북부의 사실상의 군사점령은 소련공산주의에 대한 위협이라는 문제와 합쳐져 소련 봉쇄에 의한 이 지역의 권익을 안정적이며 장기적으로 활용하기 위한 전략적인 판단도 작용하고 있었다. 게다가 시베리아의 방대한 자원의 획득이 사정거리에 들어가 있었다. 이 점에서 육군과 자본과의 이해관계는 그야말로 일치하고 있었던 것이다.

개전으로의 위험한 길

　대륙정책을 시행하기 위해서는 만주생명선론에서 대동아공영권 구상에 이르는 슬로건을 내걸었고, 중일전쟁에 대한 민중의 지지와 동의가 획득되어 갔다. 신천지 중국으로의 이주로 새롭고 풍요로운 생활을 확보할 수 있다는 선전이 대대적으로 유포되어 민중동원이 교묘하게 진행되어 졌다. 그야 말로 중국은 자본뿐만 아니라 민중에게 있어서도 실리적인 대상으로서 인식되어 진 것이었다.
　이렇게 해서 군부·자본·민중의 사이에 공통되는 것은 중국대륙의 풍부한 시장과 자원에 의거하면서 스스로가 안고 있던 과제나 모순을 해소하여 더 많은 이익을 획득하려고 하는 바램이었다. 더군다나 이 3자는 그 근저에 있어서 거의 공통인 대 중국 인식을 형성할 수 있었다. 만주사변을 일으킨 군부에 대한 헌금 열의 고조, 중국의 수도 난징 함락을 축하하여 대대적으로 거행된 일련의 축하행사, 열심히 장려되어진 출정병사에 대한 센닝바리(후방의 여성들이 전방의 병사들을 위해서 응원의 메시지를 바느질한 천을 보내서 장기전의 병사들의 사기를 북돋우려고 했던 것)나 위문용 꾸러미 만들기 등의 실태를 보면 관제적 냄새를 풍기면서도 그 이상으로 민중의 전쟁을 향한 뜨거운 의사가 있었던 것도 사실이었다.
　많은 민중이 중일전쟁의 초기단계에서의 승리에 놀라워했으며 나

중에 전쟁 장기화에 의한 염전厭戰기분을 품게 된 것도 자연스러운 감정의 발로라고 말할 수 있다.

그러나 지도자층에게 있어서 민중이 염전분위기에 젖어드는 것은 전쟁 장기화에 의한 국내 여러 자원의 소모와 함께 심각한 문제로 인식 될 수밖에 없었다. 게다가 중국 전선의 확대와 고착화는 급히 타개해야 할 과제로서 지도층에 강하게 인식되기 시작된 것이었다. 이 시기의 중국 문제는 전쟁의 막바지에 등장하게 된 국내 정치체제의 여러 모순을 누르고 외부압력조차도 막고서 중국전선의 재건을 계획하는 것에 집약되어졌다. 거기에서 지도자들의 과제는 전쟁의 장기화에 인내하는 국내 총동원체제를 강화하는 것, 중국 최대의 지원국인 영국 등에 의한 중국에 대한 원조 루트를 군사적으로 차단함과 동시에 전략적 자원을 동남아시아 제국에서 구하고, 남진정책을 적극적으로 실행에 옮기는 것이었다. 그런 뒤 영국이나 미국과의 군사충돌을 불가피한 상황으로 만든 남방진출이라는 위험한 길이 선택되어진 것이었다.

영미와의 충돌을 초래한 무력적인 남방 진출

1940년 7월에 성립한 제2차 근위 내각은 동맹국 독일의 유럽전선에서의 쾌진격이라고 하는 새 정세의 전개에 힘입어 조각 직후에

'기본국책요강'을 내각회의로 결정했다.

거기에서는 대동아 새 질서의 건설이 내세워져 새로운 중국 지배 구상을 제창했다. 다음날에는 대본영 정부연락회의가 대본영육해군부안의 '세계정세의 추이에 동반하는 시국처리요강'을 결정했다. 이것은 일본의 지도자들에 의해 명확하게 대영미전이 상정되어 국책수준으로 확인된 최초의 일이었다.

요강은 동시에 중일전쟁의 처리, 불인(프랑스령 인도차이나)의 기지 강화, 게다가 남 인도차이나의 중요전략자원의 확보가 목표로 되었다. 남방 진출에 의한 대영미전의 가능성을 각오한 결과로, 남진정책의 공식채용이 명기되게 된 것이다. 그러나 그 후 독일군의 영국 본토 상륙작전의 실패나 미국의 고철, 석유 등 중요 전략자원의 수출허가제의 채용 등의 정세에 의해 남진정책은 우여곡절을 겪는다.

사실, 일본이 북부 프랑스령 인도차이나에 무력 진주를 강행하자마자 보복조처로서 미국에서 고철의 전면 수출입금지의 경제제재를 초래하고, 양국간의 긴장은 일거에 높아졌다. 그 직후에 성립된 독·일·이 삼국동맹의 체결은 한층 더 이러한 긴장에 박차를 가하는 결과를 가져왔다.

다음으로 1941년 4월 13일, 일본은 소련과의 사이에 '일소중립조약'을 체결한다. 이것도 중국 문제의 처리를 우선하기 위해서 잠시 동안 대소련전을 미루고, 결국은 남진정책의 구체화를 서두르기 위한 것이었다. 당시 진척되고 있었던 일본과 미국 간의 교섭에 있어서도 항상 문제라고 한 것이 일본의 남진정책과 중국 문제였던 것은 지금까지의 일본과 미국의 이해관계로 보아 당연했다. 미국은 이후, 일본군의 중국에서의 철퇴와 남진정책의 중지를 요구해 간다.

철병 문제로 좌절한 일본과 미국의 교섭

이러한 상황 속에서 같은 해 6월에 독일이 소련과 공격을 시작한다. 이 신 정세 속에서 대본영 정부연락간담회는 '남방시책 촉진에 관한 건'을 결정하고 남진정책을 본격화 한다.

더욱 독일과 소련 개전의 신 정세에 의해 다음 7월 2일에는 '정세의 추이에 따르는 제국 국책 수행요강'을 최고회의에서 결정하고 남방정책의 수행 때문에는 '대영미 개전을 그만두지 않음'이라는 방침이 확인되었다. 9월 6일의 최고회의에서 결정된 '제국 국책 수행요령'에서는 일본과 미국 간의 교섭 기한을 10월 상순으로 정하고 실질적인 일본과 미국 개전을 염두에 두고 전쟁준비가 결정되었다.

막판까지 왔던 일본과 미국의 교섭은 하루 미 국무장관의 4원칙을 둘러싼 공방으로 이루어 졌다. 여기에서의 최대 요점은 중국과 인도차이나로부터의 일본군의 철병 문제였다. 고노에 내각은 이 점에 대해 미국과의 교섭타결을 기대했지만 10월 6일의 육해군 국부장회의에서 육군은 단호히 철병 반대를 주장하고 해군은 육군의 철병을 통해 미국과의 타협을 꾀해야 한다고 주장했다. 철병 문제를 둘러싸고 일본과 미국의 교섭타결에 희망을 거는 고노에 내각 및 해군과 육군이 정면으로 대립한다.

육군은 철병용인이 지금까지 추구해 온 대륙정책의 청산을 의미하는 것으로 받아들이고 있었다. 그것은 동시에 육군의 존재조차 부정될지 모르는 중대한 문제라고 인식하고 있었던 것이다. 그래서 대영미전은 육군의 역사와 존재를 건 피할 수없는 선택이었다. 대영미전에 있어서 전면에 세워질 해군은 일본과 미국의 군수생산능력의 압도적인 격차를 인식하고 있었기 때문에 개전에 동의하는 것은 실제로 불가능했다.

이러한 생각은 해군부 내에서도 특히 해군성 측에 강했다. 그러나 해군은 개전 반대를 최후까지 명언하지 않고 고노에 내각에 개전 결정을 맡기는 태도로 시종일관 한다.

그러던 중 작전실행 책임자로 군령부총장의 나가노 오사미永野修身 대장은 같은 해 7월 30일, 석유비축량의 문제로부터 조기 개전에 의해 극빈을 회피하는 것이 타당하다고 하는 견해를 천황에게 표명했던 것이다.

이 사이 육해군의 대응을 자세히 검토하고 있었던 쇼와 천황은 일본과 미국교섭에 기대를 걸면서도 한편으로 개전의 시기나 승산을 확인하고 있었다. 단지 천황은 최후까지 승리에 대한 확신이 생기지 않아 재삼에 걸쳐 질문을 시험해 보지만 나가노 대장은 승리의 가능성을 명언하는 일은 없었다.

쇼와 천황의 개전 결의

그러한 발언에 천황은 개전을 망설이지만 육해군의 작전담당자는 천황이 납득하는 승리에 대한 시나리오를 준비하고 우선 천황의 주변을 움직여 개전 결정을 밀어 붙였다. 그 결과, 천황은 최종적으로는 개전으로 기울어 간다.

일본과 미국의 교섭에 기대를 걸고 있던 고노에 내각이 총사직하고 중국 격멸논자擊滅論者인 도조를 수반으로 하는 내각이 성립된다. 천황은 9월 6일의 최고회의의 결정에 구애되지 않고 개전 결정을 유보하는 자세를 보여줬다. 그러나 육군 주전파를 대표하는 도조에 대한 대명강하大命降下 그 자체가 사실상의 대 영미 개전의 시작 사인이었다. 그것은 전후 제시된 여러 가지 견해 중에서도 움직이기 어려운 역사의 사실이 되었다.

개전까지의 일정은 11월 1일의 대본영 정부연락회의가 12월 초순에 무력발동의 시기를 정한 '제국 국책 수행요령'을 결정하고 같은 달 5일에 최고회의에서 정식으로 승인되었다. 이것에 의해 대영미 개전은 확정방침이 되어간다. 그리고 12월 1일의 최고회의에서 12월 8일로 최종 결정된 것이다.

이렇게 개전 이유나 개전 경위는 이미 상당히 밝혀져 있지만, 천황을 중심으로 하는 전쟁지도체제의 실제적 기능의 분석, 청일·러일 전쟁 등을 포함해 일본 근대화과정에 있어서의 여러 대외 전쟁을 전체로서 파악하고 그 안에서 아시아 태평양전쟁을 어떻게 위치를 부여할 것인가라는 문제의 해명 등이 여전히 남겨져 있다. 게다가 육해군이나 궁정그룹뿐만 아니라 관료나 우익 등 다양한 사회집단이 대영미전 결정에 어떤 영향을 미친 것인가에 대한 문제는 명확하지 않다. 그러한 문제를 파헤쳐 가는 작업을 통하는 것만이 아시아 태평양전쟁의 역사인식이 보다 풍부하게 될 것이다.

3. 일본 해군의 대미 인식과 미일 개전
- 접근해 있던 미일 해군전력

미일 주력함의 질량차

독 · 일 · 이 삼국 동맹체결에 의해 미일 개전의 가능성은 한층 더 높아졌다. 그래서 미국을 제일의 가상적국으로 하고 대미전쟁을 가정해 해마다 작전계획을 고안해 온 일본군에게는 가능한 한 정확히 미국의 전력평가를 내리는 것이 절박한 과제였다.

1933년 일본이 국제연맹을 탈퇴한 시기는 여전히 워싱턴 · 런던 군축조약하에 있었기 때문에 일본 해군은 주력함 (군함, 순양함 등) 과 보조함(항공모함, 잠수함 등)의 보유량이 대영미 비율의 상한이 정해져 있어 자유로운 군함건조가 불가능한 상황이었다.

그러나 일본 해군은 국제연맹에서 탈퇴한 이듬해 1934년 12월, 당시 사이토 마코토 내각은 워싱턴 · 런던 군축조약으로부터 이탈을 결정하고 무조약시대에 대응하기 위한 군비확대 정책을 비밀리에 추진

했다. 특히 해군 당국에서는 국제연맹으로부터 탈퇴한 시점에서 이미 무조약시대를 대비해서 18인치의 주포를 탑재하는 초도급전함 야마토大和형의 설계를 시작하고 있었다.

그리고 무조약시대에 돌입하자마자 일본 해군은 대규모 군비확충계획에 착수했다. 1937년부터 시작되는 '제3차 보충계획'에서는 1941년까지 야마토형 전함 2척, 쇼카쿠翔鶴형 항공모함 2척 등 71척(총계 약30만톤)이, 또 1939년에 시작되는 '군비충실계획'에서는 1943년까지 야마토형 전함 2척, 타이호大鳳형 항공모함 2척 등 80척(약31만톤)의 건조가 결정되었다.

한편, 일본 해군의 라이벌로 지목된 미국도 1937년 10월 로스캐롤라이나형 신예전함(3만 7천톤, 주포16인치 포구문 탑재)을 기공해 본격적인 군비 확충을 개시한다. 그 후 미국 해군은 동형 전함 워싱턴(1938년 기공), 사우스다코타(1939년 7월 기공), 메사추세츠(1938년 6월 기공), 인디아나(1939년 11월 기공), 앨러바마(1940년 2월 기공)를 연달아 기공해 1942년 8월까지 완성시켰다.

또한, 1940년 6월에는 아이오와형 신예전함 (4만 8천톤, 주포 16인치 포구문탑재)도 기공하고, 계속해서 동형 전함인 뉴저지(1940년 9월 기공), 미주리(1941년 1월 기공), 위스콘신(1941년 1월 기공), 일리노이(1942년 12월 기공), 켄터키(1942년 12월 기공)의 건함에 착수했다. 이 중 일리노이와 켄터키는 건조가 중지됐지만 1944년 4월까지 모두 완성시켰다. 일본도 이에 호응하듯이 이전의 군비확충계획 중에서 1937년 11월에 야마토(대화 6만 4천톤, 주포 18인치 포구문탑재, 1941년 12월 완성), 다음해 1938년 3월 동형 전함 무사시(1942년 8월 완성), 1940년 5월 시나노信濃(항공모함으로 바꿈), 1940년 11월에 야마토형 4번째 전함 '111'(가칭)을 기공했다. 마지막의 4번함 '111'은 결국 건조가 중지됐지만 그 기간 중의 건함경쟁의 특징은 미국이 16인치 주포를 가진 3만톤에서 4만톤급의 전함을 1937년부터 5년간에 걸쳐 10척을 대량 건조한 것에 비해서 일본 해군은 18인치 주포를 가진 6만톤급의 거대한 전함을 건조해, 수적열세를 보완하려고 한 점이다.

대함거포大艦巨砲주의의 상징 전함 야마토

일본군의 점감요격漸減邀擊 전술

당시 일본 해군은 가까운 장래에 일어날 미일전쟁의 주역은 해군 자신이라는 것을 충분히 자각하고 있었고, 미일 개전 후 일본이 미국의 식민지인 필리핀을 점령한 경우, 아메리카 태평양함대가 필리핀 탈환을 위해 출격함으로써 그곳에서 미일 간의 함대 대결이 일어난다는 시나리오를 그리고 있었다.

그 경우, 이를 맞아 싸우는 일본 해군은 아메리카 태평양함대가 필리핀 근해에 다가올 때까지 먼저 잠수함이나 중순양함 등의 보조 함정으로 가능한 한 미국의 전력을 소모시켜서 마지막에는 군함 등의 주력함 결전으로 결착내는 점감요격漸減邀擊 작전을 채용하려고 했다. 이미 5년간 군함만으로도 10척의 군함 건조계획을 실행하고 있던 미 해군의 실력은 위협적이었으며, 이에 대항하기 위해서는 18인치 포를 탑재한 야마토형 전함으로 상대의 사정거리 밖에서 선제공격으로 승패를 결정하는 전술밖에 남아 있지 않았다.

말하자면 미국 주력함의 16인치 포의 사정거리는 약 3만 미터에 비해 일본 해군의 주력함 18인치 포는 약 4만 미터였고 사정거리차 1만 미터를 활용해 승리의 기회를 얻으려고 했다. 그렇게 하면 주력 전함의 확연한 차이에도 전혀 문제가 되지 않고, 미국 주력함을 적의 포탄이 닿지 않는 안전한 장소에서 격멸시킬 가능성이 있다는 것이었다.

그것은 전함 건조 기술이 미국 이상의 실력을 보유했다고 하더라도 자본력에서는 열세한 위치에 있는 일본 해군의 고뇌의 전술이기도 했다. 그러나 이것도 미 해군이 야마토형 전함과 같은 규모의 18인치 포를 탑재한 전함 건조에 착수한다면 그 시점에서 전혀 의미가 없어지는 전술이었다.

따라서 일본 해군의 함정본부에서는 야마토형 전함건조에 철저한 비밀주의가 엄수되고, 또한 미국이 실제로 18인치 포를 탑재한 전함 건조에 착수했을 경우를 대비해 야마토의 기공과 거의 동시에 20인치(51센티) 포를 탑재한 9만톤의 주력함을 건조할 계획을 세우고 있었던 것이다. 미국이 일본의 제일의 가상적국으로 정해진 것은 워싱턴 군축조약 체결후의 1923년에 개정된 '제국 국방방침'에서였다. 거기에는 미일전쟁의 시나리오로써 '점감요격'의 전술이 명기됐다. 여기에는 최종적으로 주력함결전을 맞기 전에 적 전력의 '점감'을 실행함으로써 주력함의 수적열세를 피할 수 없는 악조건 앞에서 조금이라도 극복해 보려는 작전구상이다.

그때부터 일본해군의 전력구성은 점감 전력으로 순양함 · 구축함 · 잠수함과 요격전력으로써 전함 · 항공모함이라는 역할분담이 이루어지게 된다. 이때 대미 작전구상의 큰 틀은 하와이에서 출격하는 미국 태평양함대에 우선적으로 하와이 주변에 전개하는 잠수함 부대가 기회를 봐서 어뢰공격을 가하고, 미국 함대의 진격루트에 포진한 순양함으로 야습공격을 감행해, 해상 결전에서 적 주력함대를 격퇴·격멸시킨다는 것이다.

이후, 이 작전 시나리오를 실행하기에 충분한 성능을 보유한 대형이며 고속성과 중무장이 특징인 잠수함이나 순양함의 설계와 건조가 급속히 진행된다. 1926년에 완성한 순양 잠수함 I형의 이고, 제1잠수함(배수량 1970톤, 항속거리 4만4450킬로미터)이나 1929년에 완성한 묘코妙高형 순양함(배수량 1만톤, 주포 20센티 10문 탑재, 최대속력 35.5노트)은 그 대표적인 예로 모든 것이 점감요격작전에 대응하기 위한 정면 정비였다.

일본 해군이 우위를 점한 개전 당시의 항공모함 전력비

일본 해군의 점감요격의 기본이 주력함끼리의 결전에 있었지만, 제1차 세계대전 이후 항공기 성능이나 전투기술의 향상에 따라 항공모함의 비중이 급속히 높아지고 있었다. 항공모함 전력의 효과적인 운용이 장래 해상전투의 귀추를 결정하리라는 것이 인식되기 시작했다.

그로 인해 1937년부터 1941년 말까지 일본과 미국의 항공모함 건조 실적을 말하자면 일본이 6척(총톤수 11만 3600톤, 함재기수 308기)에 비해, 미국이 4척(7만 4300톤, 380기)으로 일본 해군이 척수와 톤수에서 미국 해군의 우위에 있었다(영국은 5척, 11만 4000톤, 204기). 이 같은 일본과 미국의 차이는 일본 해군이 '점감요격' 전술에다 항공모함 전력을 보조적으로 사용해 주력함의 수적 열세를 항공모함 전력으로 보완하고자 한 결과였다.

그러한 건조계획의 실적을 포함해 미일 개전이 시작된 1941년 12월 8일 당시 미일 해상 전력은 일본 해군이 전함 10척(34만톤, 주포수 96문 중에서 16인치 포 16문), 항공모함 10척 (20만톤, 함재기정수 573기), 여기에 비해 미 해군은 전함 15척 (47만 2300톤, 주포수 156문 중에서 16인치포 42문), 항공모함 9척(19만 100톤, 함재기정수 618기)이었다. 주력함에서는 척수·톤수·주포수 모두가 미국의 60~70%였지만, 여기에서 결정적인 것은 16인치 포수의 차이로, 일본의 주력함은 미국의 40%에도 도달하지 않았다.

이런 열세에 비해 항공모함 전력에서는 척수와 톤수 양쪽 다 일본 해군이 상회하고 있었고, 함재기수에서도 거의 대등했다. 그래서 일본 해군은 18인치포를 탑재한 야마토 주력함의 완성을 서둘렀던 것이다. 주력함과 항공모함 이외에 일본 해군은 순양함 38척·구축함 116척·잠수함 84척 합계 238척(합계 109만 3500톤) 을 보유하고 있었다. 마찬가지로 미 해군은 345척(136만 2000톤)을 보유했다. 여기에다 전함과 항공모함을 더한 5종류의 함대(전함·항공모함·순양함·구축함·잠수함)의 대미 전력비율은 80.3%였다.

이처럼 미일 개전 시의 해군 전력차는 미 해군이 대서양과 태평양의 2대양에 전력의 이분을 피할 수 없는 현실을 고려했을 때, 결코 일본 해군에 유리한 상황이 아니었지만, 순수하게 정면 정비의 양적 비교만 한다면 일본 해군이 유리하다고도 할 수 있었다. 물론 그것은 어디까지나 1941년말의 미일 개전 시의 비교이며, 미국은 풍부한 자본력과 공업 기술력을 풀가동시켜, 개전 후에는 일본 해군의 건함 스피드를 완전히 능가하는 기세로 질과 양의 양면에서 일본 해군을 압도해 갔다.

단지 위에서 기술한 미일 개전 전의 전력의 실적이 일본 해군 수뇌가 개전을 단행하게 된 큰 이유가 된 것도 틀림이 없을 것이다. 그 점에서 미일 전력을 종합적으로 봐서 큰 차가 없고, 양자가 팽팽한 상태에 있던 중에 개전을 단행해, 미국의 태평양함대에 심대한 손해를 준다면 미국은 아시아 방면에서 손을 뗄 것이라는 조금 편리한 해석이 붙여지기도 했다.

그 결과 미일 개전을 주저하는 쇼와 천황이나 국내세력에 대해, 나가노 오사미永野修身 군사령부 총장이 더 악화상태에 빠지기 전에 공격함으로써 승기를 잡으려 했고, 또 전력이 팽팽한 상태에서 일본 해군의 절대적인 우세상태로 가져가기 위하여 진주만 기습을 계획하고 실행한 야마모토 고쥬로쿠山本五十六 대장의 판단에는 이같이 미묘한 미일 전력차의 문제가 가로막혀 있었던 것이다.

따라서 개전 직전의 일본 해군은 미국의 태평양함대를 완전히 격멸하는 것은 불가능하지만, '점감요격' 전술이 시나리오대로의 결과를 얻어, 주력전함을 중심으로 하는 함대 대결까지 가지고 간다면 승기를 충분히 잡을 수 있을 것으로 추측했던 것이다. 이러한 판단은 해군 수뇌가 거의 공통적으로 가지고 있었고, 또 그 같은 판단이 천황을 시작해 군 수뇌의 조기 개전을 단행시켰다고 할 수 있다.

군사력의 면에서는 자립한 제국주의 국가이긴 했지만, 경제적 금융적으로는 영국과 미국에 의존할 수밖에 없는 이중 제국주의 국가 체질로부터 탈각하려고 했던 당시의 일본입장에서 본다면, 미일 개전 시의 미묘한 전력차 그 자체가 개전을 결정하는 충분한 이유가 되기도 했다. 미일 개전을 합리화하는 이유가 이런 미묘한 전력차였고, 국력의 종합적인 비교는 물론 아니었다. 일본의 지도자들은 한 줄기의 빛이라는 점만을 추구하고, 전체적 종합적인 국력판단에는 의식적으로 눈을 감으려고 했다.

목적 앞에 있는 현실을 직시하려고 하지 않았던 지도자들의 책임은 그 국가발전에 공헌하려는 정열이나 애국심이 아무리 많은 것이라고 해도 본래 의미에서 객관적 합리적인 종합판단을 결락시킨 점에서 크나큰 과오를 범한 것이 된다. 그것이야 말로 역사적 교훈으로서 후세에 계승되지 않으면 안 되는 사실이다.

제4장
국체호지國體護持와 지배층의 온존 시도

대본영 어전회의 풍경 뒷쪽은 쇼와 천황(1944년경)

1. 포츠담선언 수락 지연의 배경
― 국체호지에 대한 집착

포츠담선언의 출발까지

1945년 7월 시점에서 이탈리아와 독일은 이미 항복한 상태였다. 오로지 일본만이 연합국과 싸움을 지속하고 있는 상태에서, 국제정치의 무대에서는 이미 전후 세계질서의 재편을 둘러싼 줄다리기가 시작되고 있었다.

소련은 전후 예측되는 미소 각축시대를 준비하기 위해, 그 전에 얄타회담에서 밀약으로 대일 참전의 길을 열려고 했다. 소련은 영미 협조 노선을 위해 일본을 공동의 적으로 하는 방안을 내놓은 것이다. 한편, 오키나와전에서 승리한 미국은 계속해서 일본 본토 공격을 본격화시켜 일본 국력의 파괴와 진공進攻준비에 여념이 없었다. 원폭 보유에도 성공해 압도적인 군사력을 배경으로 전후 세계질서의 주도권을 잡으려고 했던 것이다.

미국으로서는 일본이 비밀리에 진행시키고 있던 일소 교섭에 의한 '화평공작'은 도저히 받아들일 수 없는 것이었다. 이런 일소 교섭의 움직임을 봉하기 위해서라도 7월 17일 베를린의 교외 포츠담에서 트루먼 미대통령, 처칠 영국수상, 스탈린 소련수상이 회담을 하게 된 것이다. 회담석상에서는 예정대로 소련이 일소 교섭에 응하지 않을 것을 삼국 수뇌 간에 가장 먼저 확인한다. 소련은 우선 이 시점에서 영미 협조 노선을 선택해 보였다. 일본은 이 결과를 전혀 알지 못했다.

천황제 존치론

7월 26일 포츠담선언이 발표됐다. 그것은 미국의 스팀슨 육군장관이 트루먼 대통령에게 제출한 '대일對日 계획안·각서' 및 '공동성명안'을 원안으로 한 것이었다. 거기에는 압도적인 병력에 의한 일본 궤멸의 가능성, 일본 전쟁지도자의 추방, 일본주권을 본토에만 한정, 평화적인 정권수립 후 연합국 군에 의한 일본 점령의 철저 등을 골자로 했다. 그리고 일본 전쟁지도자들에게 필시 최대 관심사인 천황의 지위에 대해서는, '현재의 황실 하에서의 입헌 군주제를 배제하는 것이 아니다'(나카무라 마사노리中村政則《상징 천황제로의 길》이와나미 서점)라는 주지를 부기한다면 일본이 무조건 항복할 가능성이 높다는 판단이 기입돼 있었다.

천황의 처우 및 천황제 존속 문제는 전후 세계의 주도권 장악을 시도하는 미국에게 극히 중요한 검토사항이었다. 미국 정부의 내부나 국내여론을 크게 나누면 천황제 폐지론, 천황제 존치·이용론, 천황제 존치·기능정지론의 세 가지 의견으로 나누어졌다.

일본 군국주의의 타도로 여론이 들끓고 있었던 미일 개전 당시에는 분명히 천황제 폐지론이 압도적으로 유력했다. 그러나 전후의 신 질서가 모색되기 시작한 미일전쟁의 종반이 되면 천황제 존치·이용론이 부상한다.

미국 정부 내에서는 최종적으로 천황 및 천황제가 틀림없이 앞으로의 대일 점령정책을 원활히 진행시키는 데 불가결한 요소라는 판단이 유력시되어간다. 그러한 이유로 천황제 존치·이용론이 우위를 점하게 된 것이다. 이러한 미국 정부 내외의 의향이 반영되면서 미국의 '대일 성명안 기초위원회'가 포츠담선언의 초안을 책정한다.

초안에서는 가장 중요한 천황의 위치에 대해 일본 정부의 평화정권이 수립되고, 그 정부가 두 번 다시 침략을 시도하지 않는 성격인 것을 세상이 납득했을 때 '현 황실하에서의 입헌군주제를 포함할 수 있다'(상게서)고 기술돼 있었다. 소위 '천황 조항'의 공통적인 것은, 명백한 천황존치제를 나타내지 않고 항구적인 평화정권의 수립을 기본으로 하는 일정한 조건하에서 천황제 존속의 가능성을 시사한 것에 멈춘 것이다.

이것은 천황제 폐지론을 명확히 주장하는 중국이나 영국 등에 대한 배려를 나타낸 것으로, 이 시점에서 미국 정부는 원만히 천황제 존치 노선을 굳혀 가려는 의향이었다. 그 결과 천황 조항은 그 밖의 조항과 비교해서 특히 애매함이 눈에 띄는 내용이 됐다. 그러나 7월 6일에 발표된 '미·영·중 삼국 선언'(통칭 포츠담선언)에서는 이런 애매함이 포함된 '천황 조항' 조차 삭제돼 있었다. 전13항목으로 된 조항은 스팀슨의 '대일 계획안·각서' 및 '공동성명안'에 거의 정확히 근거한 것이었다.

그러나 이 시점에서 미국 정부 내에서는 천황제 존치를 풍기는 어떠한 문장도 삭제해야 한다고 주장하는 신임 반즈 국무장관이나 군부들의 강경의견이 큰 세력을 가지게 됐다. 천황제 존속 문제에 관련한 곳을 강하게 지적한다면, 제12항의 '전기前記 제반 목적이 달성되고, 또 일본 국민의 자유를 표명시킨 의사에 따라서 평화적 경향을 가진 책임 있는 정부가 수립되었을 때는 연합국의 점령군은 즉각 일본국에서 철수해야 할 것'(외무성 편《종전사록終戰史錄 4》호쿠요샤)이라는 부분뿐이었다.

포츠담선언의 내용과 묵살성명

한편, 포츠담선언에 표시된 연합국 측의 대일관을 가장 잘 나타내고 있는 것은 제4항일 것이다. 그러나 후일 선언이 발표됐을 때, 제4항은 비밀에 감춰졌다. 그 4항에는 '무분별한 타산에 의존해 일본제국을 멸망 끝에 빠뜨리고 만 방자한 군국주의적 조언자에 의해 일본국이 계속해서 통치돼야 하는지, 반대로 일본이 이성의 경로를 밟아야 하는지를 일본국이 결의하는 시기가 도래한 것이다'(상게서)라고 기술돼 있었다. 연합국은 일본이 일으킨 전쟁이 한 무리의 군국주의 세력에 의해 지도돼 온 사실을 명확히 인식하고 있었던 것이다.

포츠담선언을 받아들인 일본 정부는 우선 외무성에서 선언문의 검토를 시작한다. 7월 27일의 외무성 간부회의에서, 전국의 악화가 어떤 사람의 눈에도 분명해진 그 단계에서, 선언 수락은 전쟁종결의 유일한 방법이라는 판단이 확인되기는 했다. 그래서 선언내용의 전체 문장을 신문에 게재하지만 일본 정부로서는 일체 성명을 삼가 한다는 소극적인 대응책을 채용하는 것으로 합의를 봤다.

외무성 입장에서는 소련을 중개역으로 하는 '화평교섭'을 기획중이기도 했고 더욱이 선언내용이나 연합국의 진의를 조회할 필요가 있다고 생각했던 것이다. 도고 시게노리東鄕茂德 외무대신은 동일 오전 중에 천황을 배알해 선언문의 번역문을 보이고 선언의 대응은 신중을 기할 것, 일소 교섭이 진행 중이며 그 향방을 파악한 후에 결론을 내려도 늦지 않다는 것 등을 상소한다.

선언내용을 안 천황은 그것에 특히 중대한 관심을 가지지 않았다고 한다. 천황도 외무성 간부와 마찬가지로 기본적으로는 일소 교섭에 의한 '화평공작'의 진전에 기대를 안고 있었고 선언내용에 관계없이 선언에 대한 관심은 이 시점에서 크지 않았던 것이다.

그러나 군부는 선언내용에 당초부터 반발을 표시한다. 같은 날 7월 27일에 개최된 최고전쟁지도회의에서 도요다 소에무豊田副武 군사령부 총장은 선언에 아무런 반응을 보이지 않고 무시하는 것은 군의 사기에 악영향을 끼칠 우려가 있다고 했다. 그래서 일본 정부는 선언에 단호한 거부의사를 표명하고 끝까지 전쟁을 계속할 의향이 강한 것을 내외에 공표할 것을 정부에 강하게 요구한다. 동일 오후에 개최된 각의 석상에서 선언의 대응책을 둘러싼 협의가 열린 결과, 공표 건에 대해서는 정보국의 판단에 맡기고 기본적으로는 가능한 한 눈에 띄지 않는 형태로 게재를 단행하기로 했다.

7월 28일, 선언내용의 일부가 삭제된 채 게재됐다. 그 중에서 《요미우리 신문》은 '가소롭다, 대일 항복조건'이라는 표제를 붙여, 일본 정부의 성명으로서 '전쟁완수에 매진, 제국 정부 문제시 않고'라고 보도했다. 정보국의 의향대로 각 신문은 연합국이 부당한 항복조건을 일본에 강요하고 있고 도저히 참을 수 없는 내용임을 강조하려고 했던 것이다.

또한 스즈키 간타로鈴木貫太郎 수상은 포츠담선언에 대한 소신을 질문 받고, '나는 그 공동성명은 카이로회담의 재탕이라고 생각한다. 정부로서는 어떤 중대한 가치가 있다고 생각하지 않고, 단지 묵살할 뿐이다. 우리는 전쟁완수에 끝까지 매진할 뿐이다'(상게서)라고 잘라 말했다. 스즈키 수상의 묵살성명은 선언 수락에 재빨리 반대의사를 밝히고 전쟁지속을 주장하는 군부를 회유하기 위한 것이기도 했다. 사실 신문에 발표된 선언내용은 지극히 한정적이며 일본 측에 편리한 해석과 그 요약에 불과했다.

이를테면 제9항의 '일본 군대는 완전히 무장해제 된 뒤 각자의 가정에 복귀하고 평화적이며 생산적인 생활을 영위하는 기회를 얻지 않으면 안 된다'라는 부분은 '일본 병력은 완전히 무장해제 될 것'이라고만 요약되고, 연합국 측의 진의가 사실상 비밀에 감춰졌던 것이다. 여기에서 선언문에 표시된 병사의 가정복귀를 실현하는 의미에서도 일본군의 무장해제가 필요하다는 주지를 봉쇄하기 위해서 억지로 요약돼 있고 연합국 측이 일본군의 해체와 소멸을 노리는 점만이 강조된 것이다.

선언에는 전후처리를 둘러싸고 대일 정책의 전제를 이루는 전후 일본 국가의 진정한 모습이 일본국의 주체적인 선택이라는 표현으로 전망돼 있고 일본 정부와 일본 국민의 진로결정·선택에 의거하는 방침이 분명히 표시돼 있었던 것이다. 그로 인해 포츠담선언은 분명히 평화적인 제언이라고도 할 수 있는 내용을 갖춘 것이 됐다.

그렇지만 일본 정부나 스즈키 수상의 묵살성명의 배경에는 군부에 대한 배려나 선언내용에 대한 불신이라는 문제 외에, 보다 본질적인 것은 일본의 지배세력이 국민을 전혀 신뢰하지 않았다는 것을 지적할 수 있다. 요컨대 선언에 표시된 일본 국민의 주체적인 정치판단을 회피할 방도를 계속 모색해 온 것이 결과적으로 수락결정을 지연시키는 중요한 원인의 하나가 됐다고 할 수 있다.

'국체호지'에 대한 집착과 천황의 태도

선언 수락의 지연원인을 조금 더 구체적으로 찾아보려고 한다. 선언 수락의 지연의 최대 이유는 천황 및 일본 정부가 소련의 중개에 의한 화평교섭에 대한 기대를 버릴 수 없었던 점이다. 천황제 존치에 관한 '천황 조항'의 명기가 없고 원칙적으로 '국민의 자유의사'에 맡긴다는 연합국 측과의 직접교섭에서는 종래의 천황제 지배체제의 존속(국체호지)에 대한 확신을 가질 수 없다는 판단을 버리지 않았던 것이다.

이미 일본의 군사력이 사실상 붕괴되고 전국도 최후단계에 있는 상태에서도 여전히 전혀 가망이 없는 일소 교섭에 계속 기대를 거는 국체호지에만 집착해 전쟁종결의 좋은 기회를 놓친 천황 및 지배세력의 정치적 책임은 대단히 크다. 일본 정부 내에 선언의 평가나 수락의 시비를 둘러싼 갖가지 대립이나 술책이 존재했다고 하더라도 스즈키 수상의 묵살발언은 미국에게 히로시마와 나가사키에 원폭투하를 단행시키고, 동시에 투하를 정당화시키는 구실을 부여해 버린 사실로서도 중대한 정치적 과오를 범한 것이 된다.

전후 스즈키 수상은 이때의 묵살성명을 들어, '이 한마디는 먼 훗날까지 내가 진심으로 유감스럽게 생각하는 점'이라고 회고하면서, 동시에 '이 한마디를 나에게 억지로 답변시킨 곳에, 당시 군부의 극단적인 항전의식이 어느 정도 냉정한 판단이 결여되어 있었는지를 알 수 있다'(상게서)고 진술하고 묵살성명은 본의가 아니며, 책임은 군부에 있다고 자신의 정치책임을 인정하지 않으려고 했다.

묵살성명이 연합국 측에 사실상의 선언 수락 거부성명이라고 받아들일 것을 당연히 알고 있을 스즈키 수상이 군부의 강경의견이 있었다고 해도 스스로 리더십을 발휘해 빠른 시일 내에 선언 수락을 단행하려고 하지 않았던 책임은 지극히 무겁다. 단 하루도 소홀히 할 수 없는 상황 속에서 어떤 이유가 있었든 수락을 망설인 것은 용서받을 수 없는 것이었다.

그러나 이런 스즈키 수상의 묵살성명 뒤에는 천황의 단호한 전쟁 지속 의사와 일소 교섭에 대한 과장된 기대감이 존재하고 있었던 것이다. 사실 천황은 오로지 소련으로부터 '화평공작' 요청에 대한 회답을 기다리고 있었을 뿐이며 전쟁종결의 유효한 대책을 취하려고 하지 않았다. 그 뿐만 아니라, 천황은 그 사이에도 내대신內大臣(궁중과 정부를 연결하는 직책) 기도 코이치木戶幸一에게 '이세伊勢와 아타熱田의 신기神器는 결국 자기 가까이 옮겨서 지키는 것이 가장 좋다고 생각한다'(《기도 코이치 일기》하권, 도쿄대학 출판회)고 발언해, 천황의 상징인 〈삼종신기三種神器〉를 자신의 손으로 수호하고, 신슈 마츠시로信州松代의 대본영大本營으로 이동을 고려하고 있었다.

다시 말하면, 천황은 선언 수락에 의한 전쟁종결이 아니라 소련을 중개로 한 '국체호지'가 확인될 때까지 본토 결전에 희망을 걸고 경우에 따라서는 마츠시로의 대본영 안에서 농성을 하더라도 철저한 항전태세를 조정하려고 했다. 기도는 전후에, 천황도 기도 자신도 선언 수락에 의한 화평의 가능성을 기대는 했지만 군부 강경파의 쿠데타나 반란의 위험성이 있었기 때문에 즉각 수락을 단행할 수가 없었다고 변명하고 있다(상게서). 그러나 이것은 액면 그대로 받아들일 수 없다.

결정적인 이유는 선언문에서 국체호지의 확증을 얻을 수 없다는 판단을 품고 있었기에 천황 및 기도는 선언문을 무시 내지는 경시하기로 결정하고 있었기 때문이다. 거기에는 최근 미국의 국립 공문서관에서 반환된 '국제 검찰국 압수문서'에 들어있는 '적은 승기를 타고 포츠담선언으로 몰아넣기 위해서 맹렬히 공격할 것이다 이대로라면 자멸밖에 없다'(구리야 켄타로栗屋憲太郎 외 편집해설 《국제 검찰국 압수문서 ① 패전시 전국 치안정보》제7권, 일본도서센터)고 하는 민중의 절실한 목소리가 배려되는 일은 전혀 없었던 것이다.

천황의 계전繼戰 의사와 '성단聖斷'의 결정

다음은 천황 주변의 국체호지를 목적으로 하는 종전공작의 움직임을 고이소 구니아키小磯國昭 내각이 성립될 때까지 시간을 조금 거슬러 올라가 정리해 보려한다. 왜냐하면 전쟁지속 노선의 수정이 시작되는 것은 실은 고이소 내각 때이며 천황도 전국의 악화에 심한 불안감을 느끼면서 점차로 국체호지에 대한 집착을 선명히 해가기 때문이다.

1944년 9월 7일, 제85회 제국회의에서 취임직후의 고이소 수상은 전쟁지속방침을 내세우고, 거국일치에 의한 강력한 전쟁지도체제의 정비를 설명했다. 거기에서 수상·외상·육상·해상·참모총장·군령부총장을 구성원으로 하는 최고전쟁지도회의를 설치하기로 했다. 그전의 8월 19일 최고회의에서는, '앞으로 채택해야 할 전쟁지도의 대강大綱'이 결정됐다. 그 안에는 태평양지역에서 미국과의 결전에 임하는 작전방침이 세워지고, 국민의 전의고양을 목적으로 하는 국체호지 정신의 각성이나 적개심의 철저한 환기를 부르짖었다. 그리고 여기에서 전쟁의 목적이 '황토皇土의 호지' 그 하나에 모아진 것이다.

표면상으로는 이런 강인한 전쟁지속 방침이 확인되는 한편, 최고전쟁지도회의는 소련을 중개로 하는 중국과의 전쟁종결 구상이나 중경重慶공작으로 상징되는 것처럼 전쟁종결을 전망한 움직임도 시작되고 있었다. 이러한 전쟁종결 구상을 리드한 사람이 고노에 후미마로近衛文摩로 대표되는 중신·궁중그룹이라고 불려지는 수상 경험자, 기도 고이치로 대표되는 천황 측근 멤버, 나아가서는 다카마츠노미야 노부히토高松宮宣仁, 가야노미야 츠네노리賀陽宮恒憲, 히가시쿠니노미야 나루히코東久邇宮稔彦 등의 황족들이었다.

그 중심인물이었던 해군대장 오카다 게스케岡田啓介(전 수상)는 고이소 내각의 전쟁지속 노선을 표면상으로 지지하면서 그 이유를 '지금 현재 1억이 옥쇄해서 국체를 지키려는 결심과 각오로 국민의 사기를 고양시키고 그 결속을 강하게 하는 방법 이외에는 없다'(《다카기 소기치高木摠吉 관계자료》)고 진술했다.

오카다는 '종전공작'을 위한 최대요점은 '국체호지'로 정하고 전쟁지속에 의한 국체파괴의 위험성을 파악한 뒤에 전쟁종결의 시나리오를 모색하고 있었다. 거기에는 국체호지(천황제의 존속)야 말로 중신·궁중그룹에게 과해진 사명이라는 강렬한 자부가 동기가 됐다.

오카다로서는 도조 내각을 타도한 실적을 바탕으로 전쟁지속을 주장하는 육군 주전파로부터 '종전공작'의 주도권을 중신·궁중그룹이 장악해 두고 싶었던 것이다. 이들 집단이 구상하고 있던 '종전공작' 속에 '국체호지' 개념이 어떤 위치에 있었는지를 알기 위해서는 다음과 같은 다카마츠노미야의 발언이 주목될 것이다.

즉 '전쟁종결 대책의 요체는 국체호지에 있고 옥쇄玉碎로는 국체를 지킬 수 없으며, 또한 옥쇄라고 해도 옥쇄가 불가능하며, 사이판의 실례를 봐도 분명하다. 칠생보국七生報國처럼 죽으면 또 다시 태어남으로 황실을 호지하는 대 결의가 필요하다'고 하고, 거기에다 전쟁종결의 조건에 대해 '조건은 간단히 국체호지고 이것은 독일과 같이 230년간 다른 형태로 복흥하면 된다고 말하지만 일본에서는 허락되지 않을 것이다'(상게서) 라는 내용이다.

말하자면 다카마츠노미야는 전쟁종결을 실현시키는 종전공작의 목적이 국체호지에 있는 것과 육군 주전파가 주장하는 것처럼 옥쇄주의玉碎主義로는 일본에 유리한 종전공작을 이끌어 내는 것이 불가능하다는 것을 강조한 것이다. 이것은 육군 주전파로부터 전쟁지도권을 빼앗고, 중신·궁중그룹이 전쟁종결의 주도권을 잡지 않는 한, '국체'의 붕괴도 있을 수 있다는 위기감의 표명이기도 했다.

그 사이에도 대본영 육해군부는 본토·남서 제도·대만·필리핀 방면을 다음 결전의 장소로 작전준비를 하고 있었지만, 그해 10월 10

일에는 오키나와, 같은 달 13일에는 대만이 공습당하고, 17일에는 필리핀 레이테 섬에 미군의 상륙이 시작된다. 일본 해군이 레이테 섬 해전에서 항공모함을 전부 상실하는 파멸적 손해를 입게 되자 중신·궁중그룹은 국체 붕괴의 가능성이 현실로 다가온 것에 위협을 느끼고 있었던 것이다. 사실 가야노미야는 고노에와의 회담석상에서, '이 이상 싸움을 계속하는 것은 우리 국체를 상처 입힐 뿐이며, 아무런 이익도 없음으로 중신 등은 전환하도록 노력해야 한다'고 발언했다(고이소 구니아키 자서전 간행회 편《가츠잔 코소葛山鴻爪》 주오코론 사업출판). 여기에는 국체호지를 외치면서 다른 한편으로는 전쟁지도의 주도권 유지를 우선했던 육군 주전파에 대한 반발의 뜻이 담겨져 있었던 것이다.

이렇게 해서 육군 주전파로부터 주도권 탈취 시도가 수면 하에서 진행되는 한편, 핵심인 천황은 전국의 악화에 대한 불안과 동요를 숨기지는 않았지만 최종적으로는 여전히 반격의 여지가 남아 있다는 취지의 상소를 육해군 양 통사兩統帥 부장으로부터 듣고 나자 중신·궁중그룹의 전쟁 종결방침에 동조하려고 하지 않았다. 천황으로서는 가능한 한 반격의 기회를 모색하고 일본에 유리한 조건을 형성하는 것에 중점을 두려고 한 것이다.

수락지연의 진상과 천황의 전쟁책임

전쟁지속의 의사가 강한 천황을 어디까지나 국체호지를 목적으로 하는 전쟁 종결방침에 동조시키려는 시도가 신년 초부터 개시된다. 그 대표적인 것이 '고노에 상소'(1945년 2월)다. 그것은 '패전은 유감스럽게도 반드시 온다고 생각됩니다. 패전이 우리 국체의 크나큰 위기이긴 하지만, 영미의 여론은 지금 국체의 변경까지는 생각하지 않고(물론 일부에서는 과격론이 있고, 또 앞으로 어떻게 변화할 지는 추측하기 어려움), 따라서 패전만이라면 국체상은 그렇게까지 우려할 필요 없다고 생각 됩니다'(호소가와 모리사다細川護貞《호소카와 일기》주오코론샤)라는 내용이었다.

고노에는 패전 그 자체나 전국의 악화에 따르는 국민의 인적 물적 손해의 심각성보다도 패전의 결과 국체 그 자체가 붕괴위기에 처해질 가능성을 강하게 의식하고 있었다. 그래서 육군 주전파의 주장에 편승해, 여전히 전쟁지속의 의사를 버리지 않았던 천황을 설득하려고 했던 것이다.

그것은 하라다 구마오原田熊雄가 남긴 발언에서도 뒷받침된다. 그것은 '고노에 상소의 줄거리는 이대로 나간다면 필시 패전의 정세다. 이렇게 육군에게 전쟁지도를 맡겨서는 국체가 위험하다. 육군은 고의적이지는 않지만 결과적으로 공산주의화로 매진하고 있다는 것을 종래의 실례를 들어 일일이 설명 드렸다. 폐하는 우메즈가 상소해서 미국은 국체의 변혁을 지향하고 있음으로 철저하게 싸우지 않으면 안 된다고 말했지만, 고노에는 어떻게 생각하느냐는 말씀이 있었기에 고노에는 그렇게는 믿지 않는다고 말씀드렸다'(《다카기 소기치 관계자료》)는 것이다.

더욱이 이 자료에는 고노에가 육군 주전파의 동향에 대해 여러 가지로 상소하자 천황이 '육군은 어떻게든 하지 않으면 안 된다고 생각하지만 그것을 어떻게 하면 좋은가를 하문하셨다' 그래서 고노에는 '폐하가 군부의 최근정세를 가장 잘 아시기 때문에 성단聖斷밖에 없다고 생각됩니다라고 진술했다'고 한다. 2월의 시점에서 천황은 전쟁지속 노선과 전쟁종결 노선 사이에서 계속 흔들리고 실제로 그 이후 '포츠담선언' 수락을 단행하기까지 약 반년 간 가까이 귀중한 시간을 허비해 온 것이다. 앞에서 기술한 것처럼 천황은 그 후 일소교섭에 대한 기대감을 강하게 가지지만 그것도 국체호지에 대한 이상할 정도의 집착심의 결과였다.

그것은 또한 고노에 등의 중신·궁중그룹이 구상하는 국체호지를 위해서는 육군 주전파의 주도권을 탈취하고 전쟁책임을 육군에게 일방적으로 떠맡김으로써 전후의 국체호지와 천황을 핵으로 하는 전후 보수지배층의 재편성이라는 구상을 받아들일 때까지 시간이 걸리고 만 것이다. 그러나 문제는 그 시간이 경과하는 사이에 이를테면 도쿄

대공습이나 히로시마·나가사키에 원폭투하를 초래하고, 더욱이 소련참전에 의한 '중국 잔류고아'와 '시베리아 억류 문제'가 발생한 것이다.

　이런 역사적 사실을 반복해서 생각할 때 천황의 전쟁책임은 지극히 무겁다고 말할 수밖에 없는 것이다.

2. 종전공작의 진상과 원폭투하
— 지배층 온존의 시나리오

종전공작의 개시

종전공작이 개시된 것은, 1945년 6월 이후의 일이다. 본토 결전론決戰論이 주장되던 중에 군부의 정치지배는 표면상 강화된 것처럼 보였지만 실제로 군사력 그 자체는 파멸상태에 있었다. 민심의 이탈을 나타내는 조짐이 도처에서 드러나기 시작하고 확고하다고 생각되던 군사권력은 붕괴의 위기에 처해져 있었던 것이다. 고이소 내각에서 스즈키 내각으로의 정권교체를 기회로 권력의 유동화에 한층 더 박차가 가해지고, 지배층 내부에서는 천황제 지배 국가체제(국체)의 존속을 최우선으로 하는 종전공작이 본격화한 것이다.

종전공작의 주도권을 잡은 것은 육군 주전파와 비교해서 후에 '온건파'로 불려지는 기도 고이치나 고노에 후미마로 등의 궁중그룹이었다. 종전공작의 수면하에서의 개시는 지배층 내부의 권력의 중심이 육군 주전파에서 이들 온건파로 이행되기 시작한 계기가 되기도 했다. 이들의 최대 관심은 패복에 의한 국체존속의 위기였고 국체붕괴에 따르는 그들 자신의 지위상실이라는 문제였다.

그들은 육군에게 전쟁의 책임을 떠맡기고 동시에 자신의 정치권력의 장악을 목표로 했다. 그 때문에 천황의 권위에 전면적으로 매달리는 것으로 종전공작을 기획한다. 그것은 전후 지배체제의 편성교환을 노린 일종의 정변(궁정 쿠데타)이라고도 할 만한 성격을 가진 사건이었다.

종전공작이 개시됐다고 하더라도 전쟁지도 전체의 흐름은 표면상 여전히 본토 결전론에 의한 전쟁지속방침이 관철되고 있었다. 이를테면 1945년 6월 8일에 책정된 '앞으로 취해야 할 전쟁지도 방침'에서는 '어디까지나 전쟁을 완수함으로써 국체를 호지하고 황토를 보위해 전쟁의 목적달성을 기한다'라는 방침이 확인된 것이었다. 그 2일전에 열린 최고 전쟁회의에서도 본토 결전론은 확인이 끝나 있었다.

묵살성명의 이유

종전공작의 출발점이 된 '시국수습 대책시안'이 기도의 손에 기초된(6월 9일) 것은 본토 결전론을 강경히 주장하며 육군 주전파에 대항하는 온건파의 전쟁종결론을 명확히 내세우기 위한 것이었다. 육군 주전파의 본토 결전론이 공식석상에서 확인됨으로써 일본의 전면패배에 의한 국체 붕괴가 불가피하다고 본 기도는 본토 결전의 전쟁지도 방침을 전환하기 위해 천황 스스로의 결단에 의한 전황의 수습이나 전쟁종결에 나서야 한다고 설명했다. '성단'의 시나리오가 구체적으로 나타난 것이다. 여기에서 중요한 문제는 '성단'의 시나리오가 전쟁의 피해로부터 국민을 구하기 위한 것이 아니라, 국체호지 단 한점에만 놓여진 점이다. 그 후 원폭투하로 인한 심대한 희생을 당해도 무조건 항복을 즉시 단행하지 않았던 이유도 여기에 있다.

거기에는 여러 가지 어려움에도 불구하고 전쟁종결을 단행한 천황의 역할을 전면적으로 어필해서 천황을 포함한 정치지도부의 전쟁책임이나 패배책임을 일체 불문에 부치는 것이 기획됐다. 그 결과 국체를 호지하고, 전후의 온건파를 중심으로 하는 지배체제의 존속을 의도한 것이다.

종전공작이 개시된 당시, 천황은 여전히 강경한 전쟁지속자세를 흩뜨리지 않았다. 그러나 독일군의 항복(동년 5월 7일)을 계기로 전쟁종결의 의향을 입 밖으로 내게 되고, 본토 결전 준비의 엉성함이 명확해지자 전황의 악화를 잘 알고 있던 천황은 연합국과의 전쟁종결을 위한 중개를 소련에 위임하기로 결심한다. 고노에 전 수상을 특사로서 소련에 파견할 계획도 세웠지만 소련측의 대응이나 대소교섭안의 미조정, 거기에다 강경자세를 버리지 않았던 육군 주전파들의 저항에 의해 교섭은 지연됐다.

7월 26일, 연합국측은 일본에 대한 최후의 항복권고로서 '포츠담 선언'을 내놓게 된다. 일본 정부는 외무성당국을 중심으로 대소교섭에 대한 기대감에서 즉시 수락하는 방침을 피하고 최종적으로는 스즈키 수상의 '단지 묵살할 뿐'이라는 성명을 발표하고, 전쟁지속의 강한 의사를 내외에 어필했다. 이 묵살성명이 연합국 측에 선언거부로 받아들여진 것은 당연하며 미국은 원폭투하라는 최종수단에 호소하는 구실을 손에 넣었다. 그런 의미에서, 스즈키 수상의 묵살성명과 이것을 강요한 군부의 책임은 면할 수 없다.

나가사키에 투하된 원자폭탄 (1945년 8월 9일)

전후 지배체제의 재편

그런 와중에 8월 6일 최초의 원폭이 히로시마에, 계속해서 8월 9일에는 두 번째 원폭이 나가사키에 투하됐다. 나가사키에 대한 원폭투하를 미국의 대일 점령정책의 첫걸음으로 본 소련이 그날 예정을 앞당겨 참전을 단행하자 일본 정부는 마침내 다음날 8월 10일 포츠담선언 수락방침을 결정한다. 같은 날 심야에 최고전쟁지도회의인 최고회의가 개최되고 거기에서 국체호지만을 조건으로 하는 수락 조건안을 제출한 도고東鄕 외상의 제안을 천황 스스로 지지함으로써 '성단' 을 내린 것이다. 그러나 일단 '성단' 을 내렸지만 항복조건을 둘러싼 지배층 내부의 대립으로 연합국에 대한 수락표명은 그 뒤 14일까지 미뤄지게 된다.

그 중에서 궁중그룹은 전쟁의 책임을 군부 특히 육군에게 전면적으로 떠넘기고 천황에게 전쟁책임이 미치지 않는 것을 염두에 두고 움직여 해군은 궁중그룹의 '종전공작' 에 일역을 맡는 것으로 육군과 함께 쓰러지는 것을 피하고, 전쟁 후의 보수인맥의 유력한 일익을 담당하기 위해 획책을 꾸미고 있었던 것이다. 지배층 내부에서는 육군을 제외한 궁중그룹을 중심으로 자본가나 관료, 그리고 해군 내의 온건파를 끌어안는 형태로 새로운 지배층을 형성하고 천황의 권위를 이용해서 종전공작의 주도권을 장악해 갔다.

종전공작의 목적이 전전戰前 지배층의 온존과 전후 신지배체제의 구축을 목적으로 하는 것이었기에 당연히 연합국 측과의 교섭내용은 국체호지의 약속을 성립시키는 것에만 기울여졌다. 본토 결전을 강경히 주장하는 육군 주전파와의 합의를 가능하게 한 것도 이 점 외에 없었다고 할 수 있다(고케츠 아츠시纐纈厚 《일본해군의 종전공작》중앙공론사). 문제는 종전공작의 과정에서, 원폭투하에 의한 히로시마·나가사키 시민의 심대한 희생으로 상징되는 국민의 고통이 반성되는 일없이 국체호지만이 유일한 관심사였던 것은 말하자면 천황국가의 본질을 남김없이 나타내는 것이라고 할 수 있다.

원폭투하의 배경

일본 정부가 '성단' 시나리오에 의한 국체호지나 소련을 중개역으로하는 화평공작 등에 의한 지배층 온존을 필사적으로 시도하는 한편으로, 오키나와 점령에 성공하고 일본 본토 공습강화와 공격준비에 착수하고 있던 미국은 전후의 새로운 세계재편의 주도권을 확보하기 위해 새로운 대일 공세를 준비하고 있었다.

그 미국은 미소 교섭에 의한 일본의 화평공작 등은 도저히 받아들일 수 없는 것이었다. 7월 17일 독일의 베를린 교외 포츠담에서 개최된 미·영·소 삼국회담(포츠담회담)에서는 미국과 소련의 공통의사로서 일소 교섭을 사실상 거부하는 것이 미소간에 확인됐다.

　미국의 대일 정책의 기본은 어디까지나 일본을 조기에 전쟁종결을 단행시키고 얄타협정에 의한 소련의 아시아 질서 재편계획의 수정을 강요하고 아울러 아시아 지역에 대한 소련의 영향력을 차단시키며 일본을 방위벽으로 이용하는 것에 있었다.

　일본의 패배가 시간 문제가 된 단계에서 미국의 트루먼 정권 내부에서는 전 주일대사로 국무차관의 요직에 있던 요셉·글루를 필두로 아시아 지역에서 소련에 대한 대항세력으로서의 일본이라는 자리매김이 유력해졌다. 10년간에 걸친 일본체제경험에서 글루는 천황제의 존속을 조건으로 일본의 조기항복을 실현하고 일본의 온건파와의 연계를 튼튼히 해서 전후의 미일관계를 구축하는 것을 미국의 대아시아 정책의 요점으로 해야 한다는 견해를 가지고 있었다.

　정권 내부에서 글루의 견해는 거의 받아들여지고 있었지만 육군장관 스팀슨 등은 일본의 패복을 미국 단독의 군사력으로 획득하고 그 위에 압도적이고 고도한 군사력의 위력을 소련에 보임으로써 일본의 항복을 결정적으로 하는 것이 중요하다고 생각하고 있었다. 그 때문에 스팀슨 등은 완성 직전에 있던 원폭을 일본에 투하할 것을 기획한다.

　이로 인해 일본에 대한 원폭투하는 최대한의 군사적 정치적 효과를 가지지 않으면 안 되며, 그 조건으로 일본에 지금까지 없던 심대한 피해를 주고 일본 국민뿐 만 아니라 소련까지도 떨게 만드는 효과가 기대된 것이었다.

전후 군사질서의 원점

이상대로 소련의 참전에 의해 예측된 위협을 확실히 제거하기 위해서 원폭투하가 결정된 것이며 원폭투하의 목적이 일본의 조기항복을 실현해서 미국병사의 출혈을 억제하기 위한 것이라는 설명은 전후 유포된 것에 불과하다. 원폭투하는 심대한 희생자와의 교환으로 히로시마·나가사키의 땅을 빌려서 전후 세계의 주도권 쟁탈전의 이정표로써 실행된 것이었다. 원폭투하의 원인이야 말로 전후 세계질서 재편이라는 문맥 속에서 해석해야 할 사건이었다.

원폭투하가 일본의 무조건항복이나 종전공작에 직접관계가 있는 것은 아니었지만 원폭투하에 이르는 과정에서 형성된 미국 정부 내의 대일 정책은 포츠담선언 수락 후의 일본의 지배체제의 개편 구상과 연결되어진 것이었다. 그것을 통해서 종전공작이 지향한 목표는 국제정치의 틀 안에 짜 넣어졌다고 볼 수 있다.

원폭투하의 배경을 둘러싼 연구는 미소 냉전구조와의 관련에서 파악한 것을 중심으로 근래의 연구축적이 현저하다. 여기에 덧붙여서 구미의 아시아에 대한 인종적 편견을 배경으로 원폭효과의 실험적지로써 일본이 선정된 문제 등도 활발히 논해져 왔다. 이러한 연구 성과를 바탕으로 필자는 원폭투하로 인해 전후의 세계질서의 골격이 군사력에 의존하는 평화질서의 형성이라는 노선으로 확정되고 그것이 과잉된 군사적 안전보장론을 재생산하고 있는 현실을 지적해 두고 싶다. 그 관점에서 원폭투하에 의해 규정된 전후 세계군사질서를 제거해 가기 위해서도 원폭투하에 이르는 정치적 과정에 대해서 비판적 시좌를 응시한 연구가 불가결할 것이다. 그것은 또 전후 일본정치의 중핵에 앉은 '온건파'로 불려지는 사람들의 정치스탠스를 보다 선명히 할 것이며, 나아가 일본의 전후 보수정치로 관철돼 온 세계질서관이나 평화관을 재평가하는 기회를 제공할 것이다.

제5장
천황제 군대의 특질과 전쟁의 실태

도쿄 대공습 후의 참상을 시찰하는 쇼와 천황(1945년 3월 10일)

1. 왜 잔학행위로 치달았나?
—천황제 군대의 특질

겉으로 만의 근대 군대

메이지 국가의 성립과 동시에 중앙권력의 폭력장치로써 근대적 군대의 창설이 조급해졌다. 그것은 애초부터 프랑스, 영국, 독일 등의 군대를 모범으로 근대 군대의 체제를 세우고는 있었지만 실제로는 구미 각국의 군대와는 명확한 차이를 보이고 있었다. 즉 편성·장비의 면에서 보면 근대 국가의 형식을 갖추고 있는 중이었지만 군대의 내실은 각 번藩(에도시대에 1만석 이상의 영토를 보유한 봉건 영주인 다이묘大名가 지배한 영역과 그 지배기구를 지칭함)으로부터 모아진 봉건적 무력집단이며 군대를 구성하는 병사들은 구 지배계급에 소속하는 무사계급 출신자들이었다. 그래서 천황의 군대는 구미의 근대적 군대와 같이 시민혁명의 중심이 된 농민이나 노동자로 편성된 본래 의미로써의 국민적 군대로서 출발한 것은 아니었다.

천황의 군대가 창설 당시부터 봉건적 질서를 축으로 하는 구 무사계급 출신자들에 의해 중추부가 구성된 것은 분명한 사실이었다. 그것은 이후 합리주의나 과학주의를 중요시하고 개개 병사의 자발성과 적극성을 불가결로 하는 근대적 군대로의 전환을 곤란하게 만들었다. 더구나 메이지 정부가 직할군대를 창설하려고 한 동기가 갖가지 봉건적 유물을 물리적으로 배제·청산하려는 시도에 있었기에 여기에 편성된 군대는 일종의 고용병적인 성격을 다분히 내포한 것이었다.

그 때문에 개개 병사의 자발성이나 적극성에 의거하는 것은 도저히 불가능한 것이었다. 그 병사들을 통제·관리하려면 지나칠 정도

일본군에 의해 형장으로 끌려가는 중국인 포로 (1937년 12월)

로 엄격한 군기를 철저히 하는 것 외엔 없었다.

메이지 정부는 1873년 1월에 징병제를 시행했지만 그것은 무사계급 출신을 주체로 하는 군대의 구성에 한계와 불안을 품었기 때문이었다. '국민개병國民皆兵' 주의 아래 국민적 군대로의 전환을 시도하고 실제로도 세이난西南전쟁(1877년) 등 사족士族의 반란을 진압하는 과정에서 어느 정도의 성공을 거둔 것처럼 보였다.

그러나 징병제 군대의 중심이 된 농민출신자들도 토지혁명에 의해 해방된 자립한 농민층이 아니라 봉건적 질서 속에 속박된 사람들이었다. 징병기피의 움직임으로 상징되는 것처럼 그들 농민층에서 보면 징병은 부역 이외에 아무 것도 아니었던 것이다.

그들이 근대 군대의 병사로서 그 직무를 자발적이며 적극적으로 완수한다고는 생각되지 않았다. 그 때문에 그들을 군사적 질서 속에 짜 넣는 말하자면 강제동원에 대한 불만이나 반발을 누르기 위해서는 지나칠 정도로 엄격한 군기에 의한 강제적 복종이 불가결했던 것이었다. 이처럼 과잉하기까지 한 엄격한 군기를 철저히 하는 것으로 군사적 질서를 확립할 수밖에 없었던 천황의 군대의 특질이야 말로 쉽게 잔학행위로 달리는 체질을 내재화시켰다고 할 수 있다.

결국 군대기강으로서 형식적인 근대화나 합리화가 추구되는 반면에 개개 병사에게 실시된 불합리한 군대 교육에 의한 정신의 억압이나 관리는 심한 차별성이나 계급성의 과장도 곁들여서 불만이나 모순을 내재하고, 상황에 따라 밖으로 분출될 위험성을 항상 준비하게 된다. 그것이 천황의 군대로서 무차별적인 폭력이나 잔학행위로 몰고 가는 원인이 됐다. 최초의 대외 전쟁이었던 청일전쟁 시에 여순旅順대학살로부터 기록되기 시작하는 천황의 군대의 잔학행위는 이렇게 그 바탕이 창설 당시부터 형성돼 갔다.

철저했던 군기·풍기에 관한 시책

창설과 거의 동시에 준비되었던 군기·풍기에 관한 시책의 내용과 변천을 좇는 것으로 천황의 군대의 특질을 알 수 있다. 이를 테면 1871년 8월, 천황의 군대 최초의 군기라고도 할 수 있는 '육해군 형률'이 작성되고 그 안에는 항명·결당·상관모욕·폭행·협박 등 벌칙규정이 기술됐다. 다음해 6월에는 '보병 내무서步兵內務書'도 제시됐다.

메이지 시기에서 가장 유명한 것은 1878년 8월 당시 육군경卿의 지위에 있던 야마가다 아리토모山縣有朋가 공포한 '군인훈계'와 1882년 1월에 메이지 천황의 이름으로 나온 '군인칙유軍人勅諭'이다. 전자는 메이지 최대의 군대 반란사건이었던 다케바시竹橋 사건의 다음해에 나왔고, 그 안에는 충실·용감·복종만이 군인정신을 유지하는 데 불가결한 조건으로써 철저히 주입된 것이었다.

이처럼 추상적이며 도덕적인 문언 속에 종래의 군대 질서에서는 이미 일정한 병사관리나 통제에 대한 불안이 군 당국에 의해 표시되기도 했다. 군대 교육에 있어 보다 구체적이고 합리적인 목적의식을 획득시키는 방향으로는 나가지 않았던 것이다.

이 비합리적이고 과도하기까지 한 도덕적 교의는 후자의 '군인칙유'에서 한층 더 현저히 나타나게 됐다. 즉, 충절·예의·무용·신의·검소 등 다섯항목을 군인이 지켜야 할 조건으로 한 것이다. 여기에서는 천황의 권위를 전면에 내세우고 천황의 권위에 의거하여 절대복종에 의한 군대 질서의 강화가 내세워졌다. '오로지 한 마음으로 본분을 지키고, 의義는 산보다도 무거우며 죽음은 새털보다도 가볍다고 각오하라. 그 지조를 깨고 실패해 오명을 받는 일이 없도록 하라'는 유명한 문언은 개개 병사에 대한 일종의 협박으로 그곳에서 근대 군대에 필요한 자발성이나 적극성이 생길 리가 없었다.

말하자면 천황(상관)의 명령에 절대복종하는 것이 공공연히 요구된 것이며 그 명령 앞에서는 자신의 생명이 무가치하게 된 것이다. 자신의 정신이나 의식뿐만 아니라, 육체·생명조차도 전면적으로 군대 질서 속에 매몰시킴으로써 비로소 천황의 군대의 일원으로 인정되는 것으로 인식되었으며, 천황의 군대에서의 명령과 복종의 관계가 그 이후에도 일관해서 추구된다.

1887년 5월, 군대 교육을 담당하는 감군監軍(후의 교육총독부)이 창설된 이래, 이 경향은 한층 더 박차가 가해진다. 거기에는 '군기에 의해 규정된 것을 획득함으로써 비로소 군대 본연의 역할을 다한다고 생각해야 할 것'이라고 기술하고 군기를 엄수하는 것으로 군대 질서가 지켜진다고 했다. 군기는 개개의 병사가 스스로 그 의식을 이해한 다음에 적극적 자발적으로 수용하는 것이 아니라 천황의 권위를 배경으로 하는 엄격한 징벌과의 교환으로 절대적이며 무조건 복종하는 것이 된 것이다.

강화되는 군대 내무

청일·러일전쟁을 거치고 군사적 팽창주의를 특징으로 하는 대륙정책이 강행되는 중에 군기의 긴축도 한층 강화되고 있었다. 이를테면 1908년 12월에 개정된 '군대 내무서'에서는 '군기는 군대 성립의 본분이다. 그래서 군대는 필히, 항상 군기를 떨쳐 일으키는 것이 필요하다'고 기술되어 있고 군기의 붕괴가 군대의 붕괴로 직결되는 것이라고 했다. 동시에 일방적인 상부로부터의 강제에 대한 반발을 고려해서, '병영은 고락을 함께 하고 생사를 같이 하는 군인의 가정'이라는 가족주의를 군대 내 질서로 도입하는 것이 기획되기도 했다.

이 가족주의의 도입에 대해서 군대 내무서의 개정작업의 실질적 책임자였던 다나카 기이치田中義一는 강연에서, '중대는 가정이다.

중대장과 부하를 부모와 자식 관계로 연결시켜 고참군인과 신참군인을 형제와 같은 관계를 가지게 할 필요를 절규해서 끝내 목적을 달성하고, 중대는 군대 내의 한가정이 됐다' 고 발언하고 있다(츠지무라 난조津村楠造 감수 《국가총동원의 의의》 아오야마서원, 1926년).

다나카는 엄격하고 절대적인 군기와 징벌만으로 군대 내의 지배·복종이라는 관계를 유지하는 것은 불가능하다고 생각하고 병사의 상관에 대한 충성심을 안정적으로 획득해 가기위해서 가족관계에서의 지배·복종이라는 관계를 군대 내에 들고 와 병사의 군대 내에서의 불만이나 반발을 흡수하려고 시도한 것이다.

그러나 군대 내의 가정주의 도입이라는 위장을 해도, 천황의 권위를 배경으로 하는 절대적 지배·복종관계라는 본질에는 어떤 변화도 없었다. 오히려 천황제 국가의 지배 이데올로기로서의 가족국가관을 군대 내에 들여옴으로써 종래에 비해 상관의 존재가 절대화되었다. 다시 말해 '사랑의 매' 라는 이름 하에 사적 제재(린치)가 군대 내에 횡행하게 됐다.

그것은 결국, 군대 내에서의 폭력이 공공연히 군대 질서를 유지하기 위해 빈번히 행해지고 어떤 이유든지 폭력 그 자체가 합법화되는 것을 의미한다. 그 결과 천황의 군대에서는 군대 질서나 병사관리의 가장 유효한 수단으로써 폭력의 행사가 정착돼 간다.

폭력 그 자체가 질서유지, 병사관리, 군기의 철저 등의 수단으로써 적극적으로 자리매김 된 것은 천황의 군대를 구성하는 일본군 병사의 정신구조 속에 폭력행사에 대한 과도하기까지 한 공포심과 그 반면에 피 폭력의 공포와 불만을 외부로 분출시키려는 충동을 끊임없이 내재화시켜 갔다. 말하자면, 억압의 위양委譲원리가 군대 교육 속에 일관적으로 배양되고 폭력에 의한 억압상태의 연속이 타자에 대한 폭력행위를 통해서 억압으로부터 해방이라고 자기 스스로를 몰아세우기도 했던 것이다.

다이쇼·쇼와 초기의 군기와 난징사건

1918년 8월부터 시작되는 시베리아 간섭전쟁(시베리아 출병)이라는 명분 없는 침략전쟁에 동원된 병사들의 군기의 퇴폐가 눈에 띄게 되자 군기의 재평가가 군 당국의 절박한 과제였다. 여기에다 다이쇼 데모크라시 운동이 군대 내에 끼친 영향도 나타나기 시작했다. 절대적인 복종이나 강제, 한 치의 인간성도 허용하지 않는 군대 질서에 대한 불만이나 반발을 공공연히 주장하는 병사가 나타나자 1921년에 개정된 '군대 내무서'에서는 군대 내무의 완화나 간략화가 시도되기도 했다. 그러나 1920년대 전후부터 개시된 중국·조선에서의 반 일본 제국주의의 움직임에 대응해서 군대 내무의 완화와 간략화의 시도는 사실상 보류되고 병사의 관리·통제가 다시 강화된다.

1934년에 개정된 '군대 내무서'에는 '유럽대전 후, 한결같이 휩쓰는 잘못된 데모크라시적 사상은 군기를 향상시키고 군의 단결을 완수하기 위해 불필요할 뿐만 아니라, 특히 황군의식의 철저를 방해한다'고 기술되어 있었다. 여기에서는 다이쇼 데모크라시 상황이 군대에 끼치는 영향을 군대 질서의 붕괴를 초래할지도 모른다는 심각한 위기감을 가지고 있었다. 여기에 대응하는 의미에서도 이후 병사에 대한 황군의식의 주입에 애쓰게 된다.

  한편, 중일전쟁의 개시와 더불어 병사의 대량소집과 대량동원이 강행됐다. 이때 천황의 군대는 또 새로운 과제에 직면한다. 즉 신병의 급속한 증원은 기존의 군대 질서의 유지를 보다 곤란하게 한 것이다. 결국 대량의 병력증원은 현역병의 비율을 저하시키고 군대 내에서 철저한 복종이라는 습관에 익숙하지 않은 예비역이나 후비역의 비율을 한층 높이는 결과가 된 것이다. 그 위에다 중국군의 과감한 공세에 의해 일본군 병사가 예상 이상의 희생을 강요당하자 병사들 사이에 불안과 혼란을 초래하고 또 전쟁의 장기화가 병사의 전쟁에 대한 염세적 기운을 높이게 한 것이다.

  이렇게 군기의 혼란과, 무엇보다도 전쟁의 장기화에 따라 병사들은 전쟁 목적의 불명확성으로 인해 전쟁을 의문시하는 의식이 보이기도 했다. 그런 상승작용으로서 난징南京 학살사건(1937년 12월)이 발생했다고 생각된다.

분명히, 직접적인 동기는 난징 공략에 이르기까지의 심대한 피해에 대한 복수전적인 양상도 있었지만 동시에 군대 내에 쌓여 있던 불만·반발을 일제히 중국 측을 향해 분출시키는 것으로 군대 질서를 유지할 수밖에 없었던 천황의 군대의 구조적인 모순이 이 학살사건의 근저에 깔려 있었다.

그 점에서 본다면 학살사건은 말하자면 천황의 군대의 특이한 체질에서 생겨난 결과이기도 했다. 문제는 그러한 구조나 체질을 잠제화시킨 군대를 일본 국가가 대외적 폭력장치로써 껴안고 또 국가발전의 물리적 수단으로써 전면에 밀어 세워온 역사적 사실이다.

군기·풍기의 붕괴와 빈발하는 학살사건

중일전쟁 개시 이후, 군기·풍기의 혼란이 한층 더 현저해진다. 군기범의 내용은 상관폭력에 대한 폭력, 항명, 다중多衆협박폭행, 근무이탈, 도망, 종군면탈從軍免脫 등이다. 구체적인 사건으로는 1942년 10월 15일, 중국 후베이성湖北省 간수진廣水鎭에 주둔하는 치중병(=군수품 담당) 제3연대 제1중대의 하사관 7명이 장교단에 폭력행위를 한 광수진사건, 동년 12월 7일 산둥성山東省 관도현館陶縣에 주둔하는 독립보병 제42대대 제5중대의 병사 6명이 장교단을 습격해 중대장 등의 간부가 병영에서 탈주한 사건 등이 잘 알려져 있다.

이 두 가지 사건은 상관에 대한 전형적인 폭행사건의 사례지만 이와 같은 군대 질서 그 자체를 밑바닥에서부터 부정하는 중대한 법률위반이 이 시기에 각 부대에서 빈발한다. 이런 사건들이나 남경사건으로 상징되는 타민족에 대한 잔학행위는 동시에 대의명분 없는 전쟁에 대한 심리적 불안과 고뇌의 표정이기도 했다. 엄격한 군기의 강제는 개개 병사의 인간성을 빼앗고 잔학행위에 대한 망설임을 해소해 갔던 것이다.

중일전쟁의 교착화와 아시아 태평양전쟁 말기의 절망적인 전황 속에서 지휘통솔의 곤란과 탄약·식료품의 결핍·두절이라는 상황에 놓인 병사들은 이때 기존의 군대 질서의 비합리성에 대한 불만을 한꺼번에 분출시키고 군기는 패배의 연속 속에서 확실하게 붕괴의 길을 걷게 된다.

1944년 '군대 내무서'에서 '군기는 군대의 명맥이다' 라고 기술되고, 더욱이 이듬해 1945년 2월 '보병조전步兵操典'에는 '군기로서의 그 해이와 긴장은 실로 군의 운명을 좌우하는 것이다' 라고 쓰여 있어도 군기 붕괴로의 흐름을 억제하는 것은 불가능했다.

이하에서는 군 당국이 군기·풍기에 관해서 어느 정도의 혼란과 동요를 가지고 받아들였는지를 알 수 있는 자료를 소개해 두려고 한다. 그것은 1940년 9월 19일, 육군성 부관 가와하라 나오이치川原直一의 이름으로 육군 각 부대에 통첩된 '지나支那 사변의 경험에서 본

군기 향상대책'(육밀陸密 제1955호)이며, 군 당국이 각 부대에 통달한 것이다. 또 이것은 군 당국 스스로가 조사에 의거한 통계·자료의 유례이기도 하다(고케츠 아츠시纐纈厚 편·해설《군기·풍기에 관한 자료》후지출판, 수록).

우선 앞에서 기술한 것처럼 중일전쟁 개시이래 현저해진 군기 붕괴의 사실을 교훈으로 그것을 다시 일으켜 세우기를 명령한 것이다. 거기에는 중일전쟁 개시이후에 군기를 위반하는 예가 빈발하는 실태를 바탕으로, 서두의 '1. 요지' 항목에서 '군의 위신을 실추하고, 나아가서는 성전에 대한 내외의 혐오와 반감을 초래하고 치안공작을 방해해서 국제관계에 악영향을 끼치며, 성전 목적의 달성을 곤란하게 한다'고 총괄한다.

천황의 군대의 군기 위반례 중에서 중국인에 대한 잔학행위가 존재한 것을 은근히 인정한 다음에 그런 사태가 내외 혐오반감을 조장하고 나아가서는 국제관계에 악영향을 끼친다는 해석을 표명하고 있는 것이다. 난징사건에서 보여 진 중국 민중에 대한 일본군의 잔학행위의 사실을 군 당국이 이 시점에서 군기·풍기의 철저라는 통첩을 송부하는 것으로 사실상 정확히 파악하고 있었던 것은 주목할 가치가 있다.

동 자료에 의하면 1937년부터 이듬해 1938년에 걸쳐 2년간에 발생한 예비역의 군기위반자가 463명, 후비역이 614명, 보충 병력이

285명으로 합계 1,362명이고, 같은 기간에 현역병의 군기위반자 312명의 약 4배정도였다. 군기위반을 방지하기 위해서 간부교육의 철저, 복종관념의 투철, 부하의 교도훈화, 상벌행사의 엄정, 군대 내무의 쇄신, 인사의 공정 등을 지시했지만 그것들이 거의 성과를 올리지 못한 것은 위에서 기술한 자료가 명시한 대로다.

위안소시설 정비를 요청하는 군 당국

동 자료에서 주목되는 것은 '제2, 주로 사변지에서 특히 주의할 사항'에 기술된 '5, 사변지에서는 특히 환경을 정비하고 위안시설에 관해서는 용의주도한 고려를 해서 살벌한 감정 및 열정을 완화 억제하는 것에 유의가 필요하다'고 하는 내용이다.

거기에는 다음과 같은 문장이 써져 있다. 즉 '환경이 군인의 심리와 나아가서 군기를 진작시키는 것에 영향이 있고 또 군말이 필요 없는 곳이므로 병영(숙사)에서 기거하는 데 적절한 설비를 갖추고 여러 위안시설에 특히 유의함이 필요하며, 특히 성적 위안소에서 받는 병사의 정신적 영향은 솔직히 가장 심각하며 이 지도 감독의 적 부당은 사기의 진흥, 군기의 유지, 범죄 및 성병 예방 등에 크게 영향을 끼친다고 생각하지 않으면 안 된다'라고 했다.

군 중앙의 통제아래 '성적 위안소'(일본군 위안소)가 설치·운영돼 온 사실을 이 자료에서도 분명히 하고 있는 것이다. 그 위에 계속되는 천황의 군대의 잔학행위를 가능한 한 자제하고 병사들 사이에 만연하던 군대 질서에 대한 불만·반발을 해소하는 방도로써 '성적 위안소'가 적극적으로 이용되었던 것을 나타내고 있다.

'환경을 정비'한다는 것은 잔학행위를 자제하고 국내외로부터의 비판을 회피하는 것을 의미하고 있었다. 그래서 '성적 위안소' 설치 문제나 종군위안부 문제와 천황 군대의 잔학행위는 어떤 의미에서 표리일체의 관계로서 파악할 필요가 있을 것이다. 거기에서 최대의 문제는 극히 봉건적이며 비합리적인 군대 질서를 병사에게 강제하고 절대적인 복종을 요구하는 한편, 회유책으로 '성적 위안소'를 설치하는 것으로 군대 질서에 내재하는 모순을 일체 숨기는 말하자면 강온 양면책을 사용하는 것으로 밖에는 군대 질서를 유지하지 못하는 천황의 군대의 특질을 나타내고 있다.

다시 말하면 문제의 본질에는 눈을 감고 천황을 정점으로 하는 억압위양의 원칙이 최말단의 병사들에게 철저히 관철되고 그것은 또 타민족이나 점령지역의 사람들에게 전가돼 간 사실이다. 거기에는 상부로부터의 억압기능이 강화되면 될수록 전투행위 이외에서도 지극히 간단히 폭력행위나 잔학행위를 단행하는 정신구조가 심어진 것이었다. 예외가 존재한다고 해도 대부분의 일본군 병사들에 의해 '종군 위안부'에 대한 비인격적인 처사나 폭력적이며 차별적인 행위와 언동은 천황의 군대의 특질을 유감없이 나타낸 것이라고 할 수 있다.

한편, 동 자료에 보충된 '부록 주요 다발범 약간명에 대한 일부관찰'에서 '2, 약탈, 강간, 도박 등에 관하여'라는 항목에서 다음과 같은 기술이 있다. 조금 길지만 인용해 둔다.

"지나사변 발발 후 1939년말에 이르기까지 군법회의에서 처형된 사람은 약탈 및 강간치사상 420, 강간 및 강간치사상 312, 도박 494명에 달했고 그 외 중국인에 대한 폭력, 방화참살 등의 행위가 또 여기저기에서 보임. 애초부터 이 종류의 범죄는 황군의 본질에 역행하는 악질범으로 군기를 어지럽힐 뿐만아니라 점령지 민중의 항일의식을 부추기고 치안공작을 방해하며, 중국 측 및 제 삼국의 선전 자료로 이용되어 황군의 평가를 훼손하고 나아가서는 대외 정책에도 불리한 영향을 끼치며 성전 목적 수행을 저해하는 등 그 병폐는 실로 크다. 그래서 군대간부에게 부하의 교육지도를 적절히 하고, 특히 이번 성전의 목적을 일개병사에 이르기까지 철저히 해서 그 행동을 즉시 응하게 하며 동시에 위안시설과 그 외의 제반시설을 강화하는 등 각종 수단을 강구함으로써 위와 같은 종류의 반항을 막아내고 황군의 진가를 발휘하는 것이 필요하다."

기본적으로는 본문의 내용과 다름이 없으나 본문이상으로 '중국인'에 대한 폭행, 방화참살이 급격하게 늘어난 실태를 솔직하게 인정하고 그 실태가 초래하는 천황 군대의 위신저하와 일본의 국제적 고립이 깊어지는 것을 심하게 걱정한다.

　본문과 맞춰볼 때 이 '부록' 부분이 말하는 것은 천황의 군대가 중국인에게 행한 잔학행위가 이미 우발적이며 산발적인 사건으로서 존재한 것이 아니고 상태화 또는 일상화된 현실이었다. 그러나 군 중앙의 대처방침은 '성전목적'의 철저라는 추상적인 슬로건을 반복하는 것에만 멈추고 그 한편에서 '위안과 그 외 제반시설'의 강화를 실효성 있는 구체책으로 내건 것에 불과했던 것이다.

잔학행위의 원인은 무엇이었던가

　이상은 천황의 군대의 성립과정에서 각인된 역사적 구조적 특질을 바탕으로, 군대 내에서는 통제·복종의 수단으로서 사적 제재라는 이름의 폭력이 내부를 향해 빈번히 사용되고, 동시에 외부를 향해서는 잔학행위로 나타난 것을 지적하려고 했다. 그리고 군기의 혼란과 붕괴과정에서 잔학행위가 일상화되어 간 것을 지적하고 군 중앙도 그 실태를 인정할 수밖에 없는 상황에 있었던 것을 반복했다. 여기에서 다시 한번, 천황의 군대가 행한 잔학행위의 원인을 조목별로 요약하면 다음과 같다.

제1, 천황의 군대는 결국 마지막까지 봉건적 질서를 강하게 남긴, 말하자면 '유사한 근대적 군대'에 불과하며 그로 인해 과장된 정신주의나 관념주의를 선택하게 되고 합리적이고 객관적인 사고나 판단을 키우는 토양을 계속 빼앗아 온 것이다. 지나친 정신주의나 관념주의는 극단적인 일본 민족 지상주의로 귀결되어 배외주의나 차별주의를 군대 교육에서 철저히 주입하게 된 것이다. 그 결과 타민족을 철저히 열등시하게 되며 잔학행위에 대한 죄악까지도 불식하는 결과를 초래했다고 할 수 있다.

제2, 전쟁 목적의 애매성에서 기인한 개개 병사의 동요와 혼란에서 오는 정신적 욕구불만의 축적과 거기에서 발생하는 군대 밖을 향해 분출되는 폭력행위로써의 잔학행위인 것이다. 특히 중일전쟁 이후, 예비역이나 후비역의 대량소집에 의해 그때까지의 일상생활과의 극단적인 불균형을 메우는 것이 곤란했던 병사들에게 있어 자기에게 과해진 억압에서 해방되기 위해서는 폭력행위로의 적극적인 가담에 의한 자기의식의 상실을 바랄 수밖에 없었던 것이다. 동시에 폭력행위에 몸을 맡기는 것으로밖에 전쟁터에서 자기 자신을 보호할 길이 없었다. 그러나 무엇보다도 그와 같은 전쟁심리를 부추기는 것으로 병사를 통제·관리하려고 했던 천황의 군대의 존재야말로 문제일 것이다.

제3, 거듭 논의돼 온 억압의 위양 원리가 이만큼 관철된 군대도 지금까지 유형을 보인 적이 없다. 군대의 기강을 유지하기 위한 명령계통의 유지라는 레벨을 넘어서 '군인칙유'에서 보여 진 것처럼 인격부정을 당연한 조건으로 군대 질서를 형성해 가고 상관의 명령에 대한 절대적 복종을 강요하고 공공연한 억압상태가 밑바탕에 깔려있었다.

그리고 군대 질서를 견지하기위해 억압에 대한 불만이나 반발을 상부로 분출시키는 것을 엄격히 다스려 결국에는 하부로 억압의 위양이 관철되는 것으로밖에 천황의 군대 질서는 성립될 수 없었던 것이다. 억압에서 해방되기 위해서 하부로 방사된 폭력행위 자체가 타민족에 대한 잔학행위로 귀결되는 사태가 빈번히 나타나게 된 것이다.

제4, 천황의 군대의 지나친 계급차별이 군대 질서를 엄격히 유지하기 위한 것뿐만이 아니라 인격에도 등급을 설정하게 되고 동시에 군대 내에서도 차별주의를 횡행시키는 결과를 낳는다. 이 차별의식은 하위자에 대한 차별의식이나 차별적 언동·행위에 머무르지 않고 타민족에 대한 차별의식으로 간단히 전화되고 결과적으로 그 차별의식이 잔학행위의 죄악관을 상실시켜 갔다.

말하자면, 잔학행위가 차별행위의 뒷면으로서 존재한 것은 차별의식을 조장시키는 것으로밖에 질서를 유지할 수 없었던 천황의 군대의 본질적 문제인 동시에 그와 같은 군사기강을 허용해 온 전쟁전의 사회 전체의 문제이기도 하다.

그리고 이상에서 정리해 온 과제를 설정하는데 불가결한 것은 단순히 일본 군대론으로서의 논의 대상에 그치지 않고 전쟁전의 일본 사회 전체를 비판적으로 총괄한다는 관점을 제공하는 것에 있을 것이다.

천황의 군대가 범한 잔학행위는 천황의 군대만의 범죄가 아니며 전쟁전의 일본사회가 범한 국제범죄이며 국가테러였다는 역사파악이야 말로 앞으로 한층 더 요구될 것이다. 천황의 군대의 잔학행위를 역사적 사실로 정확히 기록하고 그로부터 많은 교훈을 이끌어내는 것만이 우리들의 역사 책임을 완수하는 첫걸음인 것이다.

2. 오키나와전과 비밀전
   - 오키나와에서 일본군은 무엇을 했는가

오키나와沖繩 작전에서의 방첩대책

아시아 태평양전쟁이 종반에 가까워지고 미군의 본토진격이 예측되자 1944년 11월 11일, 육해군은 '연안경비계획 설정상의 기준'을 작성해 전국에 배치된 각 부대에 통보했다. 거기에는 본토 경비의 방침·요령·주요 구역·장비·훈련에 관해서 세부에 걸친 지시가 있었다.

그리고 '제6 섬의 경비' 조항에서는 '경비지로 중요한 섬은 그 지역적 특성 등을 고려해 (중략) 특히, 거주민의 총력을 집결해서 직접 전력화하며 군과 일체가 되어 국토방위에 임하는 조직태세를 확립 강화할 것'이라고 했다(모토부쵸 本部町史 편집위원회 편간《모토부쵸사 자료편1》). 말하자면 군 중앙부의 방침으로서는 섬 사회에서의 농촌 공동체의 농밀한 인간관계를 이용함으로써 군으로의 동원태세를 확립하고 군민일체화에 의해 섬 전체를 요새화하려는 의도가 명시돼 있었던 것이다.

오키나와의 제32군도 이 방침을 받는 형태로 동월 18일 '다마 1616부대'의 이름으로 '보도선전 방첩 등에 관한 현민지도 요강'을 관계 각 지역에 통보했다. 그 서두에서 '황국의 사명 및 동아전쟁의 목적을 깊이 명심하고, 우리 국가의 존망은 동아시아의 여러 민족의 생사흥망을 가르게 한다는 것을 확인시켜서, 실로 60만 현민의 총결기를 촉구함으로써 총력전 태세로의 이행을 급속히 추진하고 군관민의 공생공사의 일체화를 구현해 난국에 처해져도 의연히 필승을 위해 매진해 갈 것'(상게서)이라는 방침을 세웠다. 여기에서도 오키나와 현민 전체를 전쟁에 동원하기위해 반복해서 현민의 관심을 전쟁으로 환기시키고 '군관민 공생공사'의 각오로 현민 총동원태세의 확립 등을 긴급과제로 삼았다.

그러한 방침이 세워진 배경으로 본토 방위에 있어서 최초로 적군의 진격 상정지역의 대상이 된 변경의 여러 섬에서의 전투에는 대군사력의 배치는 불가능했으며 또 작전 자체가 본토방위의 방패역할을 짊어진 상태에서 대규모의 공세작전의 전개는 최초부터 포기된 것, 또 원칙적으로 극히 한정된 군사력의 파견·배치가 전제였으므로 그 파견 군대의 보완 병력으로 오키나와 주민의 총력전화가 의도된 것, 또는 제24사단 및 제62사단을 중심으로 하는 정규군의 작전을 보완하는 전술로써 비밀전을 채용하는 것으로 미군에 대한 군사적 열세를 보완하려고 했던 것 등이 추측된다.

오키나와의 주민은 이 방침에 의해 군민일체화라는 목적하에서 철저한 동원의 대상이 되지만 다른 한편에서는 주민과 군대와의 접촉의 항상화에 의한 군사기밀 누설의 가능성에 대한 대처가 주민대책의 중심이 됐다. 그 점에서 오키나와의 일본군은 주민의 철저동원을 실시하면 할수록 그만큼 위구심은 심각화 할 것으로 내다 봤다. 그래서 오키나와전에서는 군사기밀의 누설방지를 목적으로 하는 방첩대책의 비중을 높일 수밖에 없다는 인식을 강하게 가졌던 것이다.

이 요강에 따르면 방첩대책은 주민을 주된 대상자로 하면서 적측의 첩보행위를 사전에 봉쇄하려는 목적을 가지고 각 병단·각 수비대의 정규군, 헌병대, 연대구사, 현 당국이 그 실시자가 되었다. 그 중에 헌병대는 본래 일반민중의 군과 현 행정당국에 대한 동향이나 방첩사항의 감시를 담당하는 중심적 존재였지만 헌병 병력이 부족했기 때문에 각 지역에 배치·주둔한 정규군이 헌병의 임무를 일부 대행하는 모양새가 된 것이었다.

거기에서 방첩의 구체적 방침으로서는 동 자료에서 '특히 본현은 이도離島의 경우 방첩개념의 일반적 상황을 보면 한층 주의가 필요하다. 그래서 공방攻防 양면에서 방첩을 강화하고 군이 행하는 방첩과 맞춘 여러 시책을 활발히 전개해서 적의 비밀전 활동의 완전봉쇄를 기대한다'라고 명기하고 방첩강화를 위한 지도요건으로 방첩정신의 지도계몽의 촉진, 관청 방첩대책의 철저, 군공사 종사자의 지도단속, 군과 직접 교섭이 많은 외래자의 지도, 각 쵸손町村 여기에는 주민이 방첩 위반자로서 직접적으로 상정돼 있지 않았지만 군에 있어 남여노약자를 포함한 60만 현민 모두가 방첩 위반자로 상정되고, 그 결과 민간의 방첩조직이나 군의 방첩활동에다 각 쵸손의 보갑제도화라는 말하자면 말단에서의 주민상호 감시태세를 통해 방첩망의 완벽을 기하려는 의향이 명확했다. 이런 방침아래 비밀전의 임무를 부여받은 정규군 부대가 편성됐다. 현재 판명된 것은 구니가미지대國頭支隊와 그 지휘하에 있었던 제3·제4 유격대(비특명=제1·제2호향대)이다.

미군의 오키나와 본토에 대한 로켓포격(1945년 4월)

천황제 군대의 특질과 전쟁의 실태

구니가미 지대의 편성과 비밀전 대강大綱

1944년 말, 대본영의 방침에 의해 제32군사령부는 예속한 독립 혼성 제44여단 제2보병대(구니가미 지대)에 대해 오키나와 북부의 모토부本部 반도와 이에伊江 섬 등을 포함하는 구니가미 군郡 내에서 게릴라전을 전개해 오키나와 남부 시마지리島尻 지구의 주작전을 용이하게 하려는 임무로서 유격대의 편성을 명령했다(방위청 방위연수소 편《전사총서 오키나와 방면 육군작전》아사구모 신문사).

구니가미 지대는 제2보병대 본부(인원 108명), 제1대대(대장 이가와 소사井川正少佐 이하 약 650명)을 중심으로 하는 이에지마 지구 수비대, 제2대대(사토佐藤 소사 이하 677명)을 중심으로 하는 모토부 반도 지구 수비대를 기간부대로 하고 여기에다 유격전을 전문으로 하는 제3유격대(대장 무라카미 대위, 다니요 다케, 구시다케 지구에서 유격 거점설정, 인원 약 500명), 제4유격대(대장 이와나미岩波 대위, 온나다케恩納岳·이시카와다케石川岳에서 유격 거점설정, 인원 393명), 거기에다 지대 직결부대 등으로 군대가 구분돼 있었다.

이 구니가미 지대가 실시한 유격·비밀전의 기본을 정한 '구니가미 지대 비밀전 대강'이 1945년 3월 1일부로 작성돼 있다. 대강은 우선 서두의 '총칙'에서 '본강 중의 선전, 방첩, 유격 비밀전은 첩보 모략과 함께 이를 비밀전으로 칭한다'고 정의한 후 '방첩 근무방침'

항에서 다음과 같이 기술하고 있다(1. 생략).

2. 조직적인 첩보망을 구성하여 적절한 임무부여와 더불어 제반현상을 정확히 수집한다. 이를 위해 요소에 분자를 획득해 놓고 동시에 직접 기관원을 추진 배치한다.

3. 방첩의 지향목표는 정세에 따라 변환될 수도 있으며 적의 본 공격 전후로 나누어 다음과 같이 지향하는 것이 필요하다.
  1) 본 공격전(대내첩보)
    ① 주민의 사상동향 특히 적성분자의 유무
    ② 정치, 경제첩보
  2) 본 공격 개시 후
    ① 군사첩보(적 정세탐지) 즉, 본래의 임무에 매진할 것

여기에서 주목할 것은 대내첩보로써 주민의 사상동향의 조사·감시와 적성분자의 적발·발견을 방첩대책의 주요한 목적으로 하는 점일 것이다. 오키나와의 일본군이 보완 병력으로서 오키나와 주민의 총력전화를 의도하고 있었던 반면 그 동원대상으로 정하고 있었던 오키나와 주민에 대한 철저한 경계심을 안고 있었던 것을 알 수 있다.

이러한 경계심의 이유의 일부분에는 다음의 '방첩 근무방침' 안에서 '방첩은 본래 적의 첩보 선전모략의 방지와 파쇄에 있으며 오키나와 본토와 같이 민도가 낮고 섬일 경우에는 오히려 소극적이다. 즉 군사를 비롯한 국내 시책의 누설방지에 중점을 두고 전세의 흐름에 맞춰 적극적인 방첩으로의 전환이 필요하다'고 기술돼 있었다. 말하자면, 오키나와 주민은 일본 국민으로서의 자각이 비약하기 때문에 신용이 부족하고 따라서 오키나와 주민에게는 군사사항에 관한 비밀 누설방지에 만전을 기하는 것은 물론이며, 일본 국내의 일반 정책에 관한 사실사항에 관해서도 비밀보전의 대상으로 해야 한다고 설명한 것이다.

일본군은 오키나와는 일본 국토지만 오키나와 주민은 본토 주민과 선을 그어야 하는 존재며 또 군민혼재의 상황으로 일본군의 근간을 뒤흔드는 잠재적인 스파이라는 인식을 애초부터 강하게 가지고 있었던 것이다. 이 같은 오키나와 주민에 대한 차별·편견의식이 실제로 오키나와의 일본군의 방첩대책의 기본적 전제에 있었다.

일본군의 오키나와 주민에 대한 차별·편견 의식은 이 외에도 많은 자료에서 검증되고 있다. 일례를 들면, 1934년 2월 25일부로 당시 오키나와 연대구 사령관 이시이 토라오石井虎雄가 육군차관 야나가와 헤스케柳川平助 앞으로 송부한 '오키나와 방비대책'(《구 육해군 문서》R105)에는 오키나와 주민의 결점으로서 과대망상, 의뢰심이 강함, 정에 약함, 희생단결의 기풍이 모자라는 점 등을 내세웠던 것이다. 이런 오키나와 주민을 배경으로 오키나와는 일본군에 있어 국내라기보다 오히려 외지로서 강하게 인식된 것으로 보인다.

그래서 일련의 방첩대책을 실시하기 위해 군 당국에 있어 긴급과제로 된 것은 지역의 요소에 정규군의 지휘를 직접 받아 비밀전 기관원의 지시 하에 활동하는 첩보분자를 주민 중에서 획득하고 이것을 직할 관내지역에 비밀리에 배치하는 것이었다. 그 때문에 구니가미 지대는 각 지역에서 첩보분자 획득 간담회와 같은 것을 차례로 개최해서 인원획득에 착수했다.

이를테면, 구니가미 지대장의 이름으로 제32군 사령관 앞으로 통보된 '비밀전 실시 예정계획'에서는 유격 비밀전 대외 간부교육, 전의고양·방첩사상 보급 및 강연회와 병행해서 첩보분자 획득 간담회가 하네지무라羽地村 나카오시仲尾次 소학교(1945년 3월 17일), 오기미무라大宜見村 오기미 소학교(동년 3월 20일 낮), 긴무라金武村 긴무라 소학교(동년 3월 26일) 등에서 개최 예정이라는 기록이 있다.

여기에서는 유감스럽게도 첩보분자가 얼마정도 확보되었는지에 관한 자료는 불분명하며, 어디까지나 추측에 불과하지만, 구니가미 지대 직속의 첩보분자와 구니가미 지대하에 설치된 국토대의 첩보분자를 포함한다면 비밀전의 내용이나 활동범위로 봐서 상당수의 첩보분자가 구니가미 군내에 존재했다고 추측된다.

이것은 오키나와의 각지에서 빈번히 행해진 스파이 적발이 원인이 되어 일어난 일본군의 주민 살해와 무관하지 않다. 스파이 용의자로 적발된 주민의 대부분이 주민으로부터의 통보였다는 것을 보면 이들 주민 속에 상당수의 첩보분자가 존재했다고 보는 것이 타당할 것이다.

민간이나 정규군을 막론하고 방첩을 중요한 목적으로 하는 비밀전 기관으로서 현재 판명된 것이 국토대와 구니가미 지대 직속의 유격대이며 다른 예는 지금까지 확인되지 않았다. 그러나 '방첩 근무방침' 안에 '방첩의 철저는 방첩 조직망(방첩규정에 의한 군관민 기강)에 따르지만, 그 발동에 있어서는 다른 비밀기관과 연락을 긴밀히 하고, 방첩에 따른 분규와 불화를 방지한다'고 하는 것에서 다른 비밀기관의 존재를 암시하는 기술이 보여 진다.

호향대護鄕隊의 편성과 활동

대본영은 1944년 8월 29일, 제32군 사령부에 대해 제3·제4유격대의 편성을 명했다. 유격대는 일반적으로 상급 지휘관의 직접명령에 의해 야전부대 안에서 지형이나 전황에 따라 병력을 추출해서 편성하는 것이 보통이었다.

그러나 오키나와에서 편성된 유격대는 대본영의 명령을 바탕으로 편성 관리자가 임명되고 그 간부요원은 육군 대신에 의해 임명·배치되는 형식을 가졌다(육군 나가노中野학교 교유회 편간 《육군 나가노 학교》). 그 이유는 오키나와의 유격대가 일반 유격대와 다른 임무를 부여 받았기 때문이었다.

오키나와의 유격대는 형식적으로는 구니가미 지대에 소속되어 있었다고 해도 야전부대에서 사실상 독립한 존재로서 행동하는 비밀전 부대였다는 것을 나타내고 있다. 같은 예로 현지 파프아족을 부대원으로 해서 뉴기니아에서 편성된 제1유격대, 필리핀에서 편성된 제2유격대가 있다. 이들 유격대의 간부는 모두 주로 첩보·방첩·모략 등 비밀전의 교육·훈련을 받은 육군 나가노 학교의 출신자가 취임했다. 특히 육군은 장래 비밀전의 중요성을 고려해서 동년 8월에 육군 나가노 학교 후타마타 분교를 개설하고 유격대 간부요원의 양성을 서둘렀다.

육군 나가노학교에서 비밀전 교육의 훈련을 받아 오키나와 유격대의 편성 관리자로 임명된 무라카미 하루오村上治夫 육군중위(후에 제3유격대장·취임 후 대위), 이와나미岩波 육군중위 (후에 제4유격대장)들은 유격대 편성을 위해 동년 9월 오키나와에 들어갔다. 무라카미 중위는 '국가총력전의 지도요령에 기초해 즉각 전력화가 가능한 17세 이상의 징병적령기 이전의 청년을 방위 소집해 부대편성한다' (호향대 편찬위원회 편간《호향대》)는 것을 편성요령으로 하고 편성작업에 들어갔다. 그리고 간부요원은 임시소집에 의해 상주하고 대원의 대부분은 징병적령제에 달하지 않는 청년이 의용대원의 명목으로 방위소집이 이루어졌다.

제3유격대의 경우는 부대본부(대대장 무라카미 하루오)와 4개 중대로 구성되어 중대장에는 육군 나가노학교 출신 장교(제1중대장 유이油井 소위·제2 중대장 스가에管江 소위·제3 중대장 기노시타木下 소사·제4중대장 다케나카竹中 소위)가 또 각 중대의 지휘반장에도 동교출신 하사관이 제각기 임명되었다. 각 중대는 최소의 단위로 3인조 또는 분대를 편성해서 분대는 원칙적으로 담당지역의 일부에 1개 분대를 놓게 됐다. 그리고 3개 내지 4개 분대가 1개 소대를, 3개 소대가 1개 중대를 편성하고 1개 중대는 대체로 1개 쵸손町村에 해당하는 것으로 했다.

간부 인선의 기준으로 분대장은 재향군인이면서 병장 또는 상등병으로 부락 청년들의 숭배와 존경의 대상이 되는 인물이, 소대장은 재향군인(하사관)으로 여러 지방의 비교적 유력자이며 청년학교의 지도원 등의 경험자 또는 청년들의 숭배와 존경의 대상이 되는 인물로 지도력이 있는 사람을 선출한다고 했다.

이들 인선은 유격대가 오키나와 주민을 중요한 구성원으로 하는 이상 지역에 밀착한 유력자를 직접적인 지도자로 할 필요가 있었기 때문이다. 동시에 특히 첩보 등으로 오키나와 주민자체를 비밀전의 대상으로 한 것도 있었기 때문에 방첩·첩보의 양면에서 오키나와의 유력자를 지도자로 선발하는 것이 효과적이라고 본 것이라고 생각된다.

동년 9월 25일 무라카미·이와나미 양 중위는 제32군 사령부에 출두해 동군 정보주임 참모 야쿠마루 소사로부터 '짐(천황의 자칭)은 여기에 제3·제4 유격대의 편성을 명하고, 세세한 것은 참모총장이 지시한다'(상게서)는 칙령을 전달받았다. 실제로는 이것을 계기로 편성 작업에 들어가 동년 10월 13일까지 제3 유격대와 제4 유격대의 편성을 끝냈다. 양 유격대는 방첩상의 이유로 제각기 제1 호향대와 제2 호향대라는 비밀특명으로 호칭됐다.

또, 유격대는 중학생이나 사범학교 학생들로 구성되는 철혈근황대鐵血勤皇隊의 일부가 배속됐다. 현립 제3중학교 학생 150명이 제3유격대에 현립 수산학교 학생 22명이 제4유격대에 제각기 참가한 것이었다.

유격대의 임무

오키나와의 유격대(호향대)가 어떤 형태로 방첩활동의 임무를 수행했는지는 《모토부쵸 사本部町史 자료편1》에 들어 있는 '구니가미 지대 관계자료' 중의 '지휘하 부대 작명철(구니가미 지대)' 안에서 살펴

볼 수 있다.

우선, 1945년 2월 23일부의 '제1 호향대 명령'(발신시간 12:00, 발신지 다니치치다케谷父岳에는 '방위대 지도계획'이 부기되어 호향대의 방침을 '구니가미 지구 재향군인을 규합 전력화 시켜 향토방위를 위한 황민개병皇民皆兵의 중핵으로 봉공할 것. 이를 위해 특히 다음과 같은 점을 유의 지도할 것. 1 철저한 간부교육을 실시할 것. 2 군인정신에 투철하고 몸을 바쳐 지역을 지키는 정렬적인 향토애를 고취할 것. 3 전투에서는 호향대장의 지휘하에 정보수집과 방첩 및 간단한 유격전투를 실시해서 완승 기반을 만들 것'이라고 기술돼 있다.

미군의 상륙을 눈앞에 두고 군사적 긴장이 강해지는 가운데 중요한 임무를 '정보수집과 방첩'에 두었지만 이것은 적의 잠입부대 이상으로 오키나와 주민자체를 대상으로 했다. 이는 지도 요령의 항목에서 '방첩 유해자에 대한 조사(적발준비)'가 중요한 임무로 정해지고 이들에 대한 대응훈련이 대원의 지도항목으로 된 것으로도 분명히 알 수 있다.

다음은 미군의 게라마慶良間 제도상륙(1945년 3월 26일 새벽) 전후의 '제1호향대 명령' 속에 방첩활동 관련사항을 뽑아 둔다(상게서).

'제1 호향대 명령'(3·25 12:00 다니치치다케)

제1 중대 제2 소대는 나고다케 유격대가 되고, 나고만의 적의 선박과 함정 상황을 감시함과 동시에, 나고의 평지 요점에 방위대 지방 관민을 이용해서 첩보망을 조직할 것.

'제1 호향대 명령(3·27 24:00 다니치치다케)

제1 호향대는 기지의 주력을 분산하는 것과 동시에 자치 및 지방 관민을 이용해서 방첩 조치를 강구한다.

'제1호향대 명령'(3·28 08:00 다니치치다케)

민간정보에 따르면 일부 부락에 투입된 첩자 같은 자가 데이마字汀間에 내려온다.

제1 호향대는 일부 방첩반을 이용해 적발을 실시한다.

다마구스쿠玉城 병장은 비밀 방첩반원을 이끌고 바로 출발해서 그 데이마로 전진해 주민을 지도하고 세다케부터 수색에 임할 것.

여기에서 보이는 명령내용에서는 미군과의 전투를 앞두고 적 스파이의 발견·적발에 호향대가 동원되고 호향대 속에 설치된 방첩반이라고 칭하는 방첩 전문부대가 중요한 역할을 맡은 것과, 방위대를 시작해 국토대로 대표되는 민간 비밀전 기관과의 협력태세 속에서 상당히 농밀한 첩보망을 조직해서 방첩활동에 착수했던 것 등을 알 수 있다.

호향대원 중에 특히 상부간부는 육군 나가노학교 출신자들이 많았지만 지휘반장을 포함한 대부분은 임시 소집 된 재향군인이나 17세에서 18세의 청년을 방위 소집한 대원이었다. 제32 군은 이들 지역의 출신자들로 편성된 호향대를 일반 민중 속에 세부에 걸쳐 배치함으로써 적 첩보원과 민중의 접촉의 저지를 노린 것이다.

이도 잔치離島殘置 공작원의 활동

일본군에 의한 일련의 방첩·첩보활동의 대상지역은 오키나와 본토에 한정되지 않고 크고 작은 이도에까지 미쳐있었다. 즉, 제32 군은 이도에서의 비밀 유격전 실시를 목적으로 하는 이도 잔치공작원을 각 이도에 비밀리에 잠입시키고 그 신분을 완전히 숨긴 채 도민과 일상적으로 접촉해서 현지의 재향군인이나 청년단원을 훈련시켰던 것이다.

1945년 1월 16일, 이도 공작요원의 파견을 계획하고 있던 제32 군 사령부는 육군 나가노학교 니마타분교 출신자를 중심으로 하는 공작요원을 사령부에 소집해 우시지마 미쓰루牛島滿 제32 군 사령관 스스로 '귀관들은 제각기 지시된 이도에서 신분을 숨기고 유격전 및 현지에 남아서 첩보임무를 수행할 것'(마타이치카이 전사 간행위원회 편간 《육군 나가노학교 마타이치카이 전사-니마타분교 제1기생의 기록-》)이라는 특별임무를 명령했다.

이 명령에 따라 스즈키 소위가 사사키의 가명으로 아구니粟國 섬에 잠입한 것을 비롯해, 다라마多良間 섬에 다카다니高谷 소위(가명=나카지마中島), 구로黑 섬에 가와시마河島 군장(야마가와山川), 요나구니那國 섬에 아구츠阿久律 소위(가키누마垣沼)와 나가야中屋 군장,이제나伊是名 섬에 바바馬場 군장, 이헤야伊平野 섬에 기쿠치菊池 소위, 구메久米 섬에 우지모토氏元 군장과 가명을 우에하라上原라고 자칭한 모 소위들이 있었다. 또 하테루마波照間 섬에는 약500명에 이르는 말라리아 사망자를 내게 만든 강제 소개疎開를 지휘한 야마시타山下 지도원 이름으로 사카이酒井 군장이 잠입하고 있었다.

이들 공작원은 이도 잠입 시에 제32군 사령부가 오키나와 현지사와 교섭해서 정규 소학교 훈도 또는 청년학교 지도원의 지령을 받는 체제를 취했다. 이를테면 구메 섬에 잠입한 2명의 공작원 중에 모 소사의 가명을 쓴 우에하라 명의로 오키나와 현 시마지리군島尻郡 구시가와무라久志川村 구시가와 소학교 훈도 지령을 우지모토氏元 군장은 역시 가명인 후카마치深町의 이름으로 오키나와 현 시마지리군 구시가와무라 청년학교 지도원의 지령을 제각기 발급하고 해당지역에 부임한다는 위장공작을 했던 것이다(상게서 《육군 나가노학교》). 잠입 당초부터 공작원이 주민에게 신분을 숨긴 이유는 주민의 감시와 스파이 적발을 중요한 임무로 했기 때문이다.

공작원은 표면상의 신분을 이용해서 섬 주민의 전쟁에 대한 태도 · 동향이나 섬의 지리 · 환경에 관한 정보 수집을 하는 동시에 섬 내의 청소년에게 군사훈련을 시키거나 호향정신을 불어넣는 등 장래의 유격전에 대비했다. 그 결과 이를테면 요나구니 섬에서는 섬 내의 청년단원이나 재향군인들을 구성원으로 하는 잔치殘置 첩보조직이 결성되어, 섬 내 소나이 지구에 50명, 구부라久部良 지구에 30명, 히가와比川 지구에 20명의 유격부대가 잔치 이도공작원의 지도에 의해 비밀리에 편성됐다는 기록이 있다.

이 외에도 비밀전 조직으로서 구니가미 지대 파멸 후 구니가미 지구에서 조직된 사쿠라 정신대의 예도 있지만 유격전의 실태도 이도에 남은 공작원을 포함해서 적 병력의 후방교란이라는 적극작전을 전개할 여력은 없었으며 미군에 투항할 위험성이 있는 일본군의 패잔병과 주민에 대한 감시 · 적발에 활동의 중점을 두었던 현실이 있었다.

주민살해의 과정

앞 절에서 기술한 전시하의 오키나와의 민간 방첩조직이나 제32군의 방첩대책과 방첩활동이든지 그것은 군 중앙의 방첩방침을 충실히 실행한 것이었다. 따라서 군 중앙의 해당 기간의 방첩방침의 내용 및 제32군 자체의 방첩방침의 내용은 어떤 것이었는지를 특히 주민관과 주민대책의 문제와 아울러 정리해 둔다. 최종적으로 정부·군당국 등 전쟁지도 기강이 실시되고 국토가 전쟁터로 된 오키나와에서 가장 단적으로 나타난 방첩대책의 귀결을 일본군에 의한 주민학살을 예로 들어 정리해 두려고 한다.

1943년 5월 24일부로 작성된 '군 방첩 참고자료—연안축성 방첩상의 여러 가지 주의점'(육밀陸密 제1688호 별책 제13호)은 본토에 대한 적의 침공을 예상하고 사전에 연안시설 방첩대책안으로 결정되어 각 부대에 통보된 문서였다. 이 문서는 헌병을 비롯한 군 당국자의 시찰조사 결과 작성된 것으로 해당 기간의 군 중앙의 방첩방침을 단적으로 요약한 것이라고 할 수 있다.

이것은 서두에서 방첩의 한계성을 지적하고 그 다음에 이 한계를 극복하는 수단으로써 국민 방첩 관념의 고양과 적의 첩보조직의 파괴 등을 제언하고 있다. 또한 실행에는 방첩임무의 전문기관으로서 헌병과의 긴밀한 협력에 의해 실행하려 했다. 이 중에 특히 주민대책과 관련해서 다음과 같은 기술이 있다.

'일반적으로 연안지구의 관민의 협력정신을 충분히 가지고 있고 또 그것이 필요하다는 것을 이해하고 납득시키는 것과 동시에, 방첩상의 조치를 조직화해 거촌보비擧村保秘(마을전체를 비밀화)에 협력하는 태세를 만들 필요성이 있으며, 또 방첩상의 요구에 따른 생활압박을 최소화시키는 것이 필요하다. 그리고 장래 주민이 적의 손에 넘어갈 경우 등을 고려하여 점차로 심각해지는 방첩 관념의 철저를 기함과 더불어, 주요 진지의 편성에 관해서는 그 요점을 관민에 대해 절대 비밀로 하는 지도가 필요하다.' (상게서《모토부쵸 사 자료편Ⅰ》)

여기에는 방첩의 조직화가 특히 연안지구의 관민들에게 긴급과제의 요건가 되었으며, 이 조직에 대한 주민참가를 요청하면서도 적이 상륙한 다음에 포로가 될 경우를 예측해서 방첩대책을 기획할 것을 지시하고 있다. 군 당국은 방첩조직의 결성을 설명하고 군관민 일체의 방첩망의 태세확립을 방침으로 하는 한편, 군의 방첩조직의 편성·소재 등에 관해서는 일체 비밀로 했다.

이것은 결국 군 통제하에 있는 경우에도 지역주민은 군이 기획하는 방첩상 신용할 수 있는 존재로는 인정되지 않았던 것을 보여준다. 이것으로도 방첩의 주된 대상은 적의 병력이 아닌 지역주민이며 지역주민의 동향이 군에 있어서는 군사기밀 누설의 최대 경계대상이었던 것이다.

군 중앙부의 이와 같은 주민의 동원 및 이용과 주민에 대한 경계·불신이라는 이율배반적인 판단이 보여 진 것은 방첩 방침상의 문제에 한정된 것이 아니다. 이를테면 참모본부가 육군 나가노학교에 기획안을 명해서 작성시킨 '유격대 전투 교령안' (1944년 1월)의 총칙·

제4항에는, '유격전 수행을 위해 주민의 회유적 이용은 중요한 수단의 하나로 우리의 손과 발처럼 이를 활용하는 것에 능숙하지 않으면 안 된다'(전게서 《육군 나가노학교》)고 하고 유격전에서는 주민의 철저한 동원과 이용을 통해서 비밀전의 사명이 수행된다고 했다.

또 대본영 육군부가 1945년 1월 15일에 작성한 '국내 유격전의 참고'의 '제3장 민중과의 관계'에는 '유격전의 성공과 실패는 민중의 동향에 크게 좌우되며, 민중에 의해 잘 조직돼 방위의 총동원의 결실을 맺는다면 유격전 수행 시 지극히 유리하다'고 기술돼 있으며 주민이용의 가부에 따라서 유격전 전개의 성패가 결정되는 것을 강조하고 있다.

주민에 대한 경계와 불신

그러나 이런 판단과 동시에 명확히 주민에 대한 경계와 불신을 기술한 것도 있다. 이를테면, '산호 섬의 방어안'이나 '섬 수비부대 전투 교령안의 설명' 등, 일련의 태평양의 섬들에 대한 방위방침을 나타낸 교령·교범의 하나로 참모본부·교육총감부가 작성한 '상륙방어령'(1944년 10월)의 '제6장 주민의 이용'에는 현지 주민의 이용이 작전수행에 불가결하다고 하면서 '부정분자 등에 대해서는 기회를 놓치지 말고 단호한 처치를 단행하고 화근을 미연에 방지하는 등 그

대책을 실패해서는 안 된다'고 기술돼 있다. 거기에는 주민에 대한 뿌리 깊은 불신감이 배경에 있었으며 그 대책으로 부정분자에게는 제거·말살로써 임한다고 했던 것이다.

더욱이 미군(제77 해병사단)이 게라마 제도에 상륙해서 실제로 오키나와전이 시작된 후, 대본영 육군부가 전군에 배부한 '국토결전 교령'(1945년 3월 20일)에는 '적은 주민, 부녀, 노인과 아이를 선두로 세워 전진해서 우리의 전의의 소모를 기할 경우 우리 동포는 자신의 생명을 바라기보다 황국의 승리를 기원하고 적병 격멸에 주저해서는 안 된다'라고 기술했다. 이는 전쟁터에서 비전투원으로 적의 포로가 된 주민이 전투 수행상의 방해가 되는 경우에는 이들을 배제·말살하는 것도 가능하다고 한 것이다.

여기에는 일본군이 처음부터 주민의 생명보호의 역할을 포기한 것이 명백했지만 그 이상으로 주민이 적의 포로가 된 경우, 그들의 배제·말살을 감행한 배경에는 적의 손에 넘어간 주민은 방첩상의 관점에서 일본군에게 위험한 존재가 된다는 판단도 있었기 때문이다.

전 주민을 철저히 동원 이용해 놓고 한편으로 적의 포로가 된 경우 쉽게 배제·말살의 대상으로 밖에 보지 않았던 일본군의 주민관이 여기에 집약돼 있다. 그리고 이와 같은 주민관의 근저에는 군의 방첩 방침이 있었던 점도 간과할 수 없다.

한편, 오키나와 제32군의 주민대책 및 방첩대책의 내용은 어떠했

을까 우선 제32군 사령관 우시지마 미치루 중장이 행한 1944년의 '훈시'를 살펴보자. 훈시의 서두에는 오키나와의 위치를 '황국의 흥망을 양 어깨에 짊어진 중요한 위치에 있다'고 한 다음, 사령관으로서의 통솔 대강大綱을 7항목에 걸쳐 피력했다. 그 중에 관련된 항목을 인용해 둔다.

제1, 삼엄한 군기하에 철석같은 단결을 강하게 결성해야 한다. 일상생활에서는 항상 칙유(천황이 나타내는 말이나 문장 등)를 받들고 이의 구현에 매진해야 할 것. 특히 상하가 함께 힘을 합해서 예우을 지키며 대장을 중심으로 융융화락 속에 명랑활달하고, 전투가열의 극한 상황에서도 일사불란의 강고한 단결을 결성해야 한다. 그러나 비非가 있을 시에는 단호히 배제하고 이에 주저해서는 안 된다.

제6, 지방 관민으로서 기쁜 마음으로 군의 작전준비에 기여하고 적극적으로 향토를 방위하도록 지도해야 한다. 이를 위해 정중히 지방 관민을 지도하고 기쁜 마음으로 군의 작전준비에 협력할 것과 아울러 적의 공격이 있을 시에는 적군의 작전을 저해할 뿐만이 아니라 적극적으로 전력 증강에 기여해서 향토를 방위하도록 지도해야 한다.

제7, 방첩에는 엄히 주의할 것.

훈시는 제32군 지휘하의 각 부대 앞으로 통보된 것으로 직접적으로는 정규군 부대의 대원을 대상으로 한 내용이었지만 군민 일체화를 주민동원의 구실로 했던 것으로 그 실제 대상은 오키나와 주민 전체를 포함하는 것으로 해석할 수 있다. 여기에서도 정규군 병사와 같이 전쟁터에 동원된 주민도 절대적인 군의 명령과 논리에 따라 행동해야 할 존재였으며 앞으로의 이탈자 또 그런 가능성이 있는 자는 단호히 제거할 것을 지시하고 있었던 것이다.

그리고 제6항에서 주민의 동향이 군사 행동의 장애가 되지 않도록 철저히 지도한 것은 주민이 반군 행동을 하지 않도록 사전에 주민의 방첩의식을 철저히 할 필요성을 강조하기 위해서였다. 이것과 함께 제7항에서는 방첩주의를 들고 있다. 제32군이 오키나와 주민의 철저한 동원을 꾀하는 한편, 주민의 말살을 의미하는 '제거'의 방첩을 내세우면서 군의 비밀누설 방지대책으로써 방첩 문제를 강하게 의식하고 있었던 것을 알 수가 있다.

우시지마 사령관의 훈시에는 철저동원에 의한 주민의 총력전화와 철저경계에 의한 주민의 '총 스파이 시視'라는 이율배반적인 군 중앙의 방첩방침을 충실히 따른 것이었다. 분명히 주민의 총 전력화가 정규군의 보완전력으로서의 역할을 한 측면을 부정할 수 없지만 그 이상으로 동원에 의해 정규군의 전투의 저해요인이 된다고 예상된 주민을 방첩대책에 의해 감시·통제하려는 목적이 훈시에 들어 있었던 것이다.

여기에서는 전투임무의 수행이 최상의 목표이자 가치로 여겨지고 주민의 생명과 재산의 보호는 완전히 무시되었으며 오히려 그들의 목표와 가치에서 일탈하는 행위나 인물은 무조건적으로 말살의 대상이 되었던 것이다. 이것을 한층 명확히 단언한 것은 오키나와의 신문기자의 질문에 '일반 현민이 굶어 죽으니까 식량을 달라고 해도 군은 이것에 응할 수 없다. 군은 전쟁에 이기는 것이야 말로 임무수행의 사명이며, 현민의 생활을 구하기 위해서 지는 것은 용서될 수 없다'(《오키나와신보沖新新報》 1945년 1월 27일)고 대답한 제32군 참모총장 조 이사무長勇 중장의 발언이다. 오키나와의 일본군의 이러한 주민 대처 자세야말로 방첩대책의 본질이었던 것이다.

주민 총 스파이 시視의 배경

부대의 행동기록을 철한 진중일지에 따르면, 각 부대가 병사들에게 명령·훈시한 방첩대책의 내용은 실로 세부에 걸쳐 있었던 것을 알 수 있다. 거기에는 군의 스파이 잠입에 대한 경계심과 더불어 오키나와 주민에 대해 철저한 감시태세를 철저히 할 것을 재삼 촉구했다. 그 예를 2,3개 덧붙여 둔다.

우선 독립혼성 제44여단(스즈키鈴木 소장)소속의 독립혼성 제15연대(미타美田 대사) 진중일지 안에 '오키나와 북 지구 전투계획서' 가

소장되어 있고, 그 '제7. 정보·방첩'의 항에는 다음과 같은 기술이 있다.

1. 정보취득을 위해서는 정보 근무규정에 따른 정보반을 설치하고, 신속 확실한 정보를 취득해 이용할 것.
2. 방첩에 관해서는 방첩규정 및 연락규정에 따라 군기 누설을 엄히 주의하는 것이 필요함.
3. 적의 상륙이 긴박해지면 연안 주민의 동향을 주의하고, 스파이 활동을 봉쇄할 것.
4. 섬 및 북미, 남방 점령지역에 체류하는 자의 가족은 적에게 이용될 가능성을 고려해 개전과 동시에 억류해서 적의 이용을 제지한다.

또, 동연대의 제18중대 진중일지에 남아 있는 '회보'(1944년 8월 29일 화요일)에도 다음과 같은 기술이 있다.

二. 방첩에 관해서 다음 사항에 특히 주의해야 한다.
  1. 주민에게 요구하는 것은, 그 목적 등은 절대로 이야기해서는 안 된다
  2. 진지구축 또는 제반 설비에 사용하는 징용노동자 등에 관해서도 진지를 비밀로 하는 주의가 필요하다.
  3. 전화사용 시 고유명사를 쓰지 말 것

四. 병사가 일반인과 접촉해서 함부로 담화하는 것을 금한다. 현민의 지도에 실패하고 군의 위신을 손실하는 것은 방첩상 적당하지 않다.

1945년 4월 1일, 오키니와 중부해안에 미군이 상륙한 후, 본격적인 전투가 시작되고 동시에 결전을 부르는 일본군은 각 부대 앞으로 타블로이드판 '격멸'이라는 제목의 등사판 인쇄에 의한 통신물을 배부하고 있었고, 그 제1호(1945년 4월 5일) '전투란'에는 다음과 같은 주의사항이 기술되어 있다.

一. 적 스파이의 잠입 가능성이 크다.
二. 전화를 걸 때에는 방첩에 주의(도청의 위험성 있음).
三. 아직까지도 야간에 큰 소리를 내는 자가 있으며, 간첩에게 병력과 진지를 폭로하고, 함포사격을 표적으로 하는 첩자는 항상 신변에 있다.

이외에도 '지방민이 거주하고 있는 동굴에는 감시자를 붙이고 출입을 감시할 것' 등의 내용을 기록한 '대 첩보망 강화에 관한 건'(1945년 4월 15일)을 비롯해, 각 부대의 진중일지에는 각종 사례를 들면서 방첩대책의 이행을 명하고 있지만, 그 중에서 일관된 점은 '적 첩자'의 존재와 주민의 동향을 동일 차원에서 파악하려고 한 점일 것이다.

스파이 적발기관의 설치

전투가 격전의 양상을 보이고 더욱이 군민 혼재 상황이 초래하는 혼란 속에서, 군사령부는 그 이상으로 주민과 적 첩자와의 혼재를 의식하기 시작했다. 전황의 열세에 따른 군의 초조감에 의해 그러한 의식은 한층 강해지고 군사령부는 조 이사무 참모총장 이름으로 드디어 '군인 군속에 관계없이 표준어 이외에는 사용을 금지한다 (오키나와 방언으로 담화하는 자는 간첩으로 간주하고 처분한다)'(제 32 군사령부 일일 명령철)는 통보를 발하기에 이르렀다.

이 통보에 집약된 군의 주민에 대한 자세의 배경에는 지금까지의 많은 연구와 증언에 의해 증명되어 온 것처럼 오키나와 주민에 대한 차별과 편견이 개재돼 온 것은 새로 지적할 필요도 없다. 여기에서는 오키나와 남부의 우라조에무라浦添村 나카마仲間를 중심으로 전개하고 있던 제 62사단의 《이시 병단石兵團 회보》(제49호 1944년 9월 7일) '2. 방첩관계'의 항목에서 이러한 사례의 일부를 소개해 둔다. 거기에는 '오키나와 현민 중에는 다른 현민에 비해 사상적으로 은혜를 잊고 이득을 챙기는 경향이 강한 사람이 많고' 또 '관하는 소위 헛소문이 많은 지역성과 관하 전반에 걸쳐 군기보호법에 의한 특수지역으로 정해진 것 등, 방첩상 극히 경계를 필요로 하는 지역임을 감안하여, 군 자체에서 이런 위반자가 나오지 않게 만전을 기할 것(제62사단 회보철 독립속사포 제22대대 수령)으로 되어 있다.

《회보》에서 보여 진 것은 오키나와 주민에 대한 근거 없는 편견이며 그 편견이 헛소문이 많은 지역이라는 판단의 이유가 되고, 그것이 오키나와 주민을 잠재적 스파이로 단정하는 것과 직접적으로 연결되어 있었다. 이와 같은 군 당국 전체를 둘러싼 단순하지만 중대한 대주민 인식이 주민 총 스파이 시의 배경이 된 것이다.

군 당국은 주민 총 스파이 시라는 기본인식에서 경찰에 대해 주민 감시 및 스파이 적발 등의 역할을 맡는 경찰 경비대의 편성을 요청했다. 오키나와 현 경찰 당국은 이를 수용해 오키나와의 전쟁터화가 눈앞에 다가온 1945년 2월 경찰 경비대를 조직하게 된다.

경찰 경비대는 본부(대장 경찰부장)·경찰부 경비중대(대장 형사과장)·경찰 특별행동대(대장 특고 경찰부)·경찰서 경비중대(대장 서장)으로 구성되어, 나하那覇·수리首里·이토만絲滿·가데나嘉手納·나고名護·도구치渡久地·시오야鹽屋·미야코지마宮古島·야에야마八重山의 각 경찰서마다 설치됐다(육상 자위대 간부학교 편간 《오키나와 작전에서의 오키나와 도민의 행동에 관한 사실자료》).

이 중에서 스파이 적발을 전문으로 담당한 것이 경찰 특별행동대이며, 그들은 군과 협력해서 주로 스파이 단속을 하는 한편, 오키나와 상륙 후의 경찰 경비대의 활동상황, 현민의 전쟁협력 상황을 내무성에 보고하는 임무 및 군의 요청에 따라서 스파이 행위자의 검거와

조사를 중요한 임무로 했다. 이처럼 군사령부는 각 부대에 주민을 중요한 대상으로 한 세부에 걸친 방첩대책을 지시했을 뿐만 아니라, 경찰조직 안에서 보다 실천적인 스파이 적발기관을 설치시켜 간 것이다.

경찰 경비대 설치 후 각 경찰서에서는 경찰 경비대의 실천력을 양성하고 대원의 숙련도를 높이려는 목적으로 경비 훈련이 실시된 것 같다. 그 일례로서 도구치(구니가미군 모토부쵸) 경찰서장은 오키나와현 경찰부장·다마球 제7071부대(구니가미 지대)장·관내 각 쵸손町村장·관내 각 경비단장 앞으로 '총동원 연안경비 훈련실시에 관한 건'(도경渡警 제266호 1945년 2월 3일)을 통보하고 경비훈련계획의 실시방침이나 목표를 상세히 보고하고 있다(상게서 《모토부쵸 사 자료편》).

거기에 부기된 '총동원 연안경비훈련 실시요강'에 따르면, 2월부터 3월까지 3개월간에 걸쳐 관내의 모토부쵸本部町·나키진무라今仁村·이에무라(伊江村)의 관내 전역을 시행지역으로 하고 훈련과목으로 다음과 같은 내용을 지시하고 있다.

一. 비상사태 하에서
  1. 혼란방지(현지 부대와의 연락 협조 경찰 경비대의 중점적 기동력의 발휘를 주안으로 할 것)

2. 유언비어의 단속(가 주체가 되어 경방단에 협력할 것)
3. 모략의 저지(가상 적의 잠입에 대한 조치 등 그때 상황을 전할 것)

이 같은 형태로 철저한 방첩망이 깔리고 군사령부는 경찰기강을 방첩대책에 동원하는 것으로 오키나와 주민에 대한 총 스파이 시 정책을 진행시켜 갔던 것이다. 다음은 이와 같은 총 스파이 시 정책이 전쟁터에서 어떤 결과를 초래했는지를 이미 활자화 된 증언 중에서 몇 개를 인용하면서 추적해 보려고 한다.

주민살해의 실태

비밀전 실행 부대를 포함해서 오키나와의 일본군이 일으킨 주민살해의 구체적인 예로는, 1971년부터 1975년에 걸쳐 류큐琉球 정부에 의해 편집 발행된 《오키나와 현사》(8·9·10권) 중에서 다수의 오키나와 주민의 증언에 의해 밝혀졌다. 그 후에도 《오키나와 타임즈》가 1982년 8월 14일부터 4개월간 전 61회에 걸쳐서 장기 연재한 '평화의 검증-왜 지금 오키나와전인가'의 제1부 '실상(1~35)'에서는 《오키나와 현사》발행이후 한층 더 명확해진 증언이나 추적조사의 결과를 포함해서, 일본군이나 비밀전 부대에 의한 주민살해나 스파이 적발행위가 얼마나 오키나와 주민의 위협이 되었는지를 적나라하게 말하고 있다.

그 기술에서 소개된 주민살해의 예를 2,3개 인용해 둔다. '1945년 5월 31일에 발생한 구니가미 지대의 패잔병에 의해 오기미손 도노키야大宜味村渡野喜屋, 현재의 시라하마白浜 피난민 살해사건(제9회~제13회 패잔병)은 미군 포로가 되어 보호받고 있던 피난민을 산중이나 해안으로 끌고 가서 수류탄 등으로 약30명을 살해한 것이다. 사건의 직접적인 경위는 구니가미 지대원 중에 2명이 미군에 연행된 것으로 인한 것이며 그 원인을 피난민이 미군에 통보한 것에 대한 보복으로 피난민 전체를 스파이 집단으로 몰아 붙여 피난민 일부를 습격 살해하기에 이른 것이었다.

물론 실제로는 피난민이 스파이 집단이 아니었던 것은 전후 당시 오기미손 병사주임이었던 야마시로山城 씨의 증언이 있었으며, 또 구니가미 지대의 통신 병장이었던 모리스기森杉 씨도 《공백의 오키나와전기戰記》(쇼와 출판) 안에서 명확히 하고 있다. 이 사건은 전쟁에 진 일본군 패잔병이 미군의 접근에 대한 공포심으로 인해 정상적인 판단을 상실하고 자기보존에만 집착한 결과, 주민들의 입을 봉쇄하기 위해 그들을 살해한 것으로 생각된다. 여기에는 주민의 생명이 군대의 연명과 병사의 자기보존 앞에서는 어떤 가치의 대상도 되지 않았던 사실을 충분히 증명한 사건이라고 할 수 있다.

이제나伊是名 섬에서 발생한 기노喜納(당시 42세) 살해사건은 옆 섬의 이혜야 섬에 상륙한 미군과 접촉하고 고기를 잡는 데 쓰는 화약과 미군 병사가 토산으로 입수하고 싶어 하던 일장기를 교환하던 가축상인 기노 씨가 이제나 섬에 불려가 스파이 용의가 씌워지고 구니가미 지대 히라야마平山 대사 등의 패잔병과 이제나 섬에 잠입해 있던 특무교원(이도 잔치공작원)들에 의해 살해된 것이었다.

이중에서 니시무라西村라는 가명으로 잠입해 있던 이도 잔치공작원 바바馬場 군장은 이제나 소학교 교원 신분으로 섬의 청년학교 학생들에게 야간 산중에서 유격훈련을 실시했다고 한다.

이 기사의 '제17회〈기노슈〉학살④' 속에는 당시 이제나 소학교 교감의 증언으로 '니시무라가 갑자기 교장에게 자신은 군인이며 이러한 임무를 띠고 왔다. 지금부터 이제나 지역은 자기가 책임지고 관리할 생각이므로 잘 부탁한다는 군인 어조로 새롭게 이름을 호칭하고, 이것을 절대비밀로 할 것을 전했다. 지역의 지도층들에게도 공공연한 비밀로서 신분을 밝혔다'는 기술이 있다. 그리고 살해의 경위에 대해서 히라야마 대위 등의 패잔병이나 니시무라(=바바) 군장 등의 이도 잔치 공작원이 전시 하에서 섬 주민을 단속하는 수단으로 살해를 시행한 것이라고 했다.

또 기노 씨 살해의 계기가 된 점에 대해 '학살의 중심적 역할을 한 것은 특무교원이나 패잔병 그룹이었지만 촌민의 일부도 협력한 것으로 생각 된다'(동①)라고 기술하고, 살해사건에 주민의 통보가 개재

된 것을 명확히 했다. 이 사건은 기노 씨가 미군과 접촉하고 있던 사실이 군에 의해 스파이로 몰리고 이 점이 살해의 직접적인 원인이 되었으며 군에 대한 주민의 통보행위는 살해의 간접적인 원인이 됐다.

그 의미에서 통보행위의 책임은 중대하지만 그 이상으로 이도 잔치공작원을 포함한 일본군이 스파이 적발이나 자기보존을 위해 섬 내의 유력자에게 접근해 군에 강제로 협력시키고 섬 전체가 하나가 되어 스파이 적발체제를 전통적인 촌락공동체의 질서를 이용하여 완성시켜 간 사실을 문제로 삼아야 할 것이다.

이제나 섬에서는 이외에도 아마미에서 온 소년이 스파이 혐의로 패잔병에 의해 참수되는 등 합계 5명이 일본군에 의해 살해됐다. 여기에는 이도 잔치공작원들이 각 이도에서 사실상의 지배자로 섬 전체를 완전하고 농밀한 군사체제하에 놓고 군의 기밀을 지키려는 집착심으로 인하여 군기누설 저지에 정상적인 판단을 잃은 채 동분서주한 모습을 알 수 있다.

단지 미군의 점령이 시작된 단계에서의 군기밀이란 패잔병의 소재와 이도 잔치공작원이 지도하는 유격대의 활동이었고 이것은 결코 전세를 좌우하는 것도 장래의 비밀전의 전개에 관한 것도 아니었다. 거기에는 단지 자기보존의 목적을 달성하기 위해 그 교환으로 주민의 생명을 말살하는 행위도 당연한 것으로 본 일본군의 논리만이 존재했던 것이다.

방첩정책의 귀결

이런 일본군의 논리가 한층 더 뚜렷해진 사례로 구메지마久米島의 주민살해 사건이 있다. 구메지마 주민살해 사건은 구메지마의 오타케大岳에 기지를 설치하고 시카야마鹿山 군장을 대장으로 하는 일본 해군 오키나와 지역 근거 지대(대장 오타大田 해군 소위)의 지휘하에 있던 전파 탐신대원 약30명이 구메지마 수비대라고 자칭하고 이 섬을 그 지휘하에 두고 현재 판명된 것만 해도 20명의 섬 주민을 스파이 용의의 이유로 직접 살해한 것이다.

사건의 개요는 우선 6월 27일(1945년) 가야마 대장 자신에 의해 나가자토무라 야마구스쿠仲里村字山城 주재의 구메지마 우체국의 유선 전화 수리담당 아자토安里가 총살되고, 이어서 2일 후인 29일에는 구시카와무라 기타하라具志川村北原 지구 구장 고바시가와小橋川 씨, 기타하라 지구 부구장이고 경비반장인 이토카즈糸数 씨, 이 지역 구민인 미야기宮城 씨의 가족 3명, 히가比嘉 씨의 가족 4명 등 전체 9명이 미야기 씨 집에 불려가 참살당한 후 집과 함께 방화됐다는 것이다.

더욱이, 일본의 무조건 항복에 의한 패전 후인 8월 18일에도 구메지마 출신의 전 해군이며 오키나와 본토의 전투에 참가해 본토의 일본군 괴멸 후 가나다케무라 야가金武村屋嘉의 미군 수용소에 넣어져 구메지마 섬 주민에게 항복을 권유하기 위해 동 섬에 미군과 함께 상륙한 나카무라(仲村) 씨가 그의 처 시게 씨와 1년 3개월이 되는 유아와 함께 살해되고 거기에다 8월 20일에는 구시가와무라 우에즈 지구에 재주하는 스크랩상 구중회구(仲會)(일본명 다니카와 노보루谷川昇)가 처 우타 씨와 5명의 자녀와 함께 살해됐다는 것이었다.

구메지마는 면적 55평방킬로미터로 약 8500명의 인구가 있었지만 시카야마 대장 등 약30명의 일본군은 구시가와무라 경비단 및 나카자토무라 경방단을 수하에 두고 식량의 징발과 적 병력의 정찰 등과 병행해 특히 주민의 미군으로의 투항이나 통보행위를 감시시키고 세부에 걸친 연락체제를 강제했다. 구메지마 경방단은 1943년 단계에서 니시무라 경방단과 합해서 286명을 헤아렸지만 이 중에 구메지마의 일본군과 구시가와무라 경방단과의 연락 내용을 담은 '쇼와 20년 연락서류 구시가와무라 경방단'(33장철)의 자료에서 가야마 대장 등 일본군의 주민대책이 어떤 것이었는지를 덧붙여 둔다.

우선 일본군이 경방단(단장) 앞으로 보낸 통달 중에는 '통지(날짜 없음) 3. 적이 모략 선전을 위해 선전삐라 등을 뿌리는 경우에는 조속히 이것을 단속하고 수습해서 군에 송부할 것 4. 위의 조항을 위반할 시에는 총살 또는 엄벌에 처해질 것이다' (오키나와현 오키나와 사료편집소 편간 《오키나와현 사료 근대Ⅰ》)는 내용이 있다.

6월 15일에도 똑같이 '적의 선전삐라를 취득해 소유하고 있는 자는 적의 스파이라고 단정하고 총살한다' 라는 경고를 다시 발신했다.

이와 같은 통달은 일본군이 선전삐라를 개재해서 미군 측의 정보가 주민에게 들어오는 것을 극도로 경계하고 있는 것을 나타내고 있지만, 같은 의도로 보낸 6월 5일부의 구시가와·나카자토무라 경방단장 앞으로 보낸 통달의 후반에는 '정보에 의하면 본토의 곳곳에 게라마 제도 지역으로부터 탈출자가 도착했다는 사실을 부락민이 알고 있는 것에도 불구하고 부대에 연락이 없는 경우에는 단순한 데마(선동적인 악선전)인지 아닌지를 경방단이 충분히 단속해 그 변화를 시급히 보고하고 탈출자가 도착한 후에는 현장에서 출두하기까지 양 촌의 연락에 충분히 유의할 것'으로 기술돼 있다.

여기에는 연락체제 불비에 대한 군의 초조함이 강하게 표명되어 있고, 또 경방단의 '데마' 유포에 대한 단속의 철저를 요청하고 있다. 이것은 군을 대신해 경방단이 섬 내 경비의 최전선에 서게 되고 군은 어디까지나 연락을 받는다는 수동적인 입장을 군의 권위를 방패로 유지했으며 결코 적극적으로 미군의 전면에 나서는 일은 없었다는 것을 증명하는 것이기도 했다. 군은 산에 숨어 경방단을 통해 주민을 감시하고 때로는 스파이 용의로 주민살해를 반복함으로써 섬 전체를 죄고 있었던 것이다.

한편 경방단 측은 군의 명령을 충실히 이행하고 주민의 동향과 미군의 폭격에 의한 피해상황 등을 각 분단장이 경방단 본부에 보고하고 그것을 경방단장이 군에 보고한다는 연락체제를 취하고 있었다.

동 자료에는 경방단의 역할로써 '1. 일부 경방단원은 각 지역의 요소에 대기하고 옆 지역과의 연락을 한다 1. 비방첩 종사자는 피난 방공호로 1. 무기는 일정한 장소에 모아둘 것 1. 본부 및 분단에 전령을 대기시킬 것 1. 각 지역에서의 시시각각의 변화를 본부에(분단을 통해서) 꼭 연락할 것' 등의 주의 사항이 조목별로 써져 있다.

이와 같이 역할에 따라서 각 경방단원은 잇달아 본부와 연락을 했다. 이를테면 '구시가와 경방단장님 귀하 4월 20일의 공습에서 구시가와의 구슈켄久手堅 씨의 주거가 모두 불탐. 그 외 2, 3집에 기중소사 공격을 받았지만 이상 없음. 구시가와 경방단 반장, 구시가와 경방단 단장님 귀하 22, 30 접수 19시경 오하라 서남 수평선 내에 군함 같은 것이 불이 2개 4분정도 보였다. 오하라 분단' 이라는 식이다. 또 '전령 오하라 남해면에서 남서방향을 향해서 항해 중에 적의 군함 같은 배 2척이 진행 중이므로 조심할 것 4, 7 930분 제2분단 무라 본부 귀하' 라는 기록도 있다.

이처럼 상세한 보고가 끊임없이 이어지고 또 강요되는 과정에서 경방단은 주민에 대한 감시행동을 강화할 수밖에 없어진 것이다. 또 그 행동범위를 스스로 좁히고 있던 군은 항시 경방단으로부터 보고를 받는 것으로 주민의 장악과 자기보존이 가능했던 것이었다.

그러나 미군의 섬 내 제압이 진행되면서 주민의 장악이 곤란해지고 거기에다 보고·연락체제의 불비가 눈에 띄게 되자 일본군의 주민에 대한 의구심이 한층 더 증폭된다. 그 연장선에서 주민살해 사건이 일어난 것이다. 그것은 또 전시 체제하에서 주민통제의 일개 수단으로 채용된 방첩정책에 내재돼 있던 논리적 귀결이기도 했다.

오키나와 전에서의 방첩정책의 귀결과 일본군의 주민대책이 보여준 것은 오키나와의 제32 군에 의한 주민에 대한 가차 없는 억압체제였고 정도의 차이는 있지만 이 같은 주민대책은 일본의 안팎에서 채용됐다. 전쟁에 의한 직접적 피해뿐 만 아니라 이런 문제에 대한 주목이 필요할 것이다.

제6장
남은 과제는 무엇인가

일본 항복 조인식 광경(1945년 9월 2일)

1. 미국의 일본 점령과 안보·자위대
— 새로운 전전戰前의 시작

왜 간접통치 방식이 채용되었는가

점령방식이라는 점에서 말하자면 일본과 같은 패전국인 독일의 경우는 미국, 영국, 소련, 프랑스의 4개국에 의한 공동점령이었던 반면, 일본의 경우에는 실질적으로 미군 단독에 의한 독점점령이었던 사실이 제1의 특징으로 들 수 있다.

그러나 미국의 단독점령 방식은 처음부터 예정된 것은 아니었다. 일본 점령에 있어서 미국의 국무·육군·해군의 삼성三省으로 구성된 삼성조정위원회SWNCC의 권고 'SWNCC70/5'에서 일본 점령에는 미국을 포함해서 소련·영국·중국·프랑스 등 연합군이 참여하는 주지가 명기돼 있었다. 또 2차대전 중에 일본이 항복한 후의 연합국에 의한 분할점령안이 구상되고, 1945년 8월 16일에는 일본의 무조건 항복을 받아서 미국의 통합전쟁 계획위원회JWPC가 그 원안을 작성했다.

　그 전에, 1943년 10월에 모스크바에서 개최된 미·영·소 삼국 외상회의에서 일본·독일·이탈리아에 대한 점령 통치는 그 나라를 군사 점령한 연합국이 독점적 지배권을 확보하고 점령한다는 합의 사항이 확인됐다. 그러나 군사점령한 지역의 독점적 지배권을 보증하려고 한 이 합의 내용은 특히 일본과 그 주변지역의 군사점령에 관심을 갖고 있던 미국과 소련의 사이에서 알력이 생겨나게 된다.

　그래서 미국 정부는 포츠담선언의 수락에 의해 일본의 항복이 분명해지자 더글라스 맥아더 원수를 연합국 최고사령관에 임명하고, 일본이 항복한 날인 8월 15일에는 '일반명령 제1호'를 관계 각국에 통고하고 미소간의 점령지역 구분에 대해 규정을 분명히 하려고 했다.

　그 과정에서 미국과 소련 사이에는 한반도의 38도선을 경계로 하는 남북한의 구분을 확정사항으로 했지만 치시마千島 열도 및 홋카이도를 반으로 나눈 북부지역을 소련의 점령하에 놓는 것의 시비를 둘러싼 대립이 본격화된다. 결국 미국이 소련의 치시마 열도 점령을 용인한 것과 교환으로 소련은 홋카이도 북부지역을 점령하는 것을 단념하고 최종적으로 일본 본토는 미국의 단독점령이라는 형태로 결착된다.

　팽창주의적 대국 노선의 외교방침으로 전후 외교에 임하고 있던 소련으로서는 일본의 군국주의체제가 완전히 해체되고 일본이 두 번

맥아더 총사령관과 쇼와천황(1945년 9월 27일)

다시 극동 소련의 위협적인 존재가 되지 않고, 치시마와 사할린을 확보할 수 있다면 괜히 미국을 자극해서 극동지역에서 미소 마찰이 생기는 것을 피하려는 의향이 있었다.

그것은 전승국이라고 해도 제2차 세계대전에서 독일군에 의해 국토를 짓밟히고 심대한 인적 물적 손해를 낸 소련으로서도 합리적인 외교 판단이었다. 그러나 이와 같이 미국에 대한 협조적인 태도도 미국 주도에 의한 미군 점령하에서의 비군사화가 예정대로 달성된다는 조건하에 있었다. 따라서 애초의 민주화 정책으로부터 '역코스'라고 불리는 미국의 대일 점령정책의 전환은 소련이 허락할 수 있는 것이 아니었다.

단독점령을 노린 미국의 의도

그럼 왜 미국은 단독점령을 고집한 것인가. 미국의 대일 정책의 기본은 일본의 조기항복을 확보해서 얄타협정에 의한 소련의 아시아

남은 과제는 무엇인가

질서재편계획의 수정을 요구하고 동시에 아시아지역에 대한 소련의 영향력을 차단해서 일본을 대소전략의 방위벽으로 이용하는 것에 있었다. 이를 위해서는 일본이 완전히 패복하기 전에 미국주도의 대일 단독점령의 실적을 쌓아올려 일본을 아시아지역에서의 미국의 대리인 역할을 담당할 국가로 재편하는 것이 필요했다.

보다 구체적으로는 일본의 패배가 시간 문제가 된 단계에서 미국의 트루먼 정권 내부의 국무차관의 요직에 있었던 주일대사 요셉·글루를 필두로 아시아에서의 소련의 대항세력으로 일본의 위치가 재평가되고 있었다. 천황제의 존속을 조건으로 일본의 조기항복을 실현하고 일본의 온건파와의 연계를 강하게 해서 전후의 미일관계를 구축하는 것을 미국의 대아시아정책의 요점으로 해야 한다는 글루 등의 견해가 유력해진 것이었다.

트루먼 정권 내부에서 글루 등의 견해는 거의 승인되고 있었지만, 이를 위해서 스팀슨 육군장관 등은 미국의 압도적인 군사력으로 일본을 패복에 몰아넣는 일이 불가결하다고 생각했다. 그 결과 스팀슨 육군장관 등은 완성이 눈앞에 다가온 원폭의 일본투하를 주장한 것이다. 그래서 일본에 대한 원폭투하는 최대한 군사적이며 정치적인 효과를 내지 않으면 안 되는 것이었다.

원폭투하는 이처럼 미국에게 있어 2차대전 후의 미소 냉전구조의 개시를 주시한 뒤에 실행된 고도의 정치적 판단의 결과였다. 히로시마와 나가사키의 머리위에 작렬한 원폭에 의한 심대한 피해는 전부 일본이 받았지만 동시에 그 정치적 효과는 소련를 향한 것이었다. 일본에 투하된 원폭의 위력은 결과적으로 미국의 대일 단독점령이라는 결론을 내게 한 것이다.

간접통치가 초래한 것은 무엇인가

미국은 원폭에 의해 소련의 일본침공의 가능성을 차단시켰다. 그리고 일본에 대해서는 독일과 같이 미·소·영·불 4개국에 의한 직접통치가 아닌 간접통치의 점령방식을 가졌다. 대일 점령통치의 형태에 대해서는 1945년 6월 국무·육군·해군으로 구성된 삼성조정위원회에서 '일본 항복 후의 미국의 초기 대일 방침'(SWNCC150)을 작성했다.

그것은 미국의 군 정부가 천황 및 일본 정부의 권한을 장악해서 군정을 실시한다는 이유로 일본의 각 행정기관을 최대한 이용해 일본인 행정관에게도 최대한의 책임을 부여하면서 미국의 군정을 대행시키는 것을 골자로 하는 내용이었다. 그러나 그 후 미국 국내에서는 대일 정책을 둘러싼 각 기관의 대립이 생기고 단결된 대일 정책이 반드시 조기에 확립된 것은 아니었다.

'SWNCC 150' 문서는 그 후 얼마간의 가필 수정이 되었으나 1945

년 8월 29일 각료를 데리고 마닐라에서 일본에 도착하기 직전의 맥아더 원수에게 'SWNCC 150/3'이라는 문서이름으로 송부됐다. 그로부터 2개월 후에 일본 점령정책의 기조를 철저한 '비군사화=민주화'에 기초해 실행해야 할 것을 설명한 미국 통합참모본부의 지령 '일본 점령 및 관리를 위해 연합국 최고사령관에 대한 항복 후 초기의 기본적 지령'(JCS 1380/15)이 다시 한번 맥아더 앞으로 송부돼 왔다.

그 후, 포츠담선언을 경유해서 천황제의 존속이 미국의 정부 내부에서 합의된 것을 기초로 다양한 대일 점령방침의 변경이 검토됐지만 최종적으로는 9월 6일 '항복후의 미국의 초기 대일 방침'(SWNCC 150/4)에서 간접통치의 방침이 확정됐다. 아울러 여기에서는 일본국민에 의한 자발적인 민주화 요구의 용인, 연합국간에서의 미국 주도권 세 가지가 확인됐다.

보다 구체적으로 요약하면 일본 점령의 목적은 일본이 또 다시 미국과 세계의 '위협'이 되지 않기 위해 국제연합헌장의 이상과 원칙에 표시된 미국의 목적을 지지해야 할 평화적이며 책임있는 정부수립에 있다고 했다. 그리고 '군사점령과 간접통치'의 항에서는 연합국의 일본 점령군은 맥아더 원수의 지휘하에 있고, 맥아더 원수는 '천황을 포함한 일본 정부기관 및 여러 기관을 통해서 그 권력을 행사한다'고 명기돼 있었던 것이다.

이외에도, 일본의 전면적 무장해제와 비군국주의화, 전범의 체포와 처벌, 개인의 자유와 민주주의적 제반 권리의 보장, 경제상의 비군사화, 민주주의세력의 조장, 평화적 활동의 재개 등, 2차대전 전의 일본의 근본적이며 실질적인 전환을 요구하는 내용이 담겨있었다. 그것은 문자 그대로 '개혁점령'이라고 부르기에 상응한 내용이었다.

그러나 여기에서 반복해서 물어야 할 것은 이 간접통치 자체가 독일과의 비교를 기다릴 것 없이 전쟁 전의 일본의 군국주의 권력체로서의 '천황을 포함한 일본 정부기관 및 제반 기관'이 미국의 점령정책의 대행기관으로 소생하는 기회가 주어지고, 최종적으로는 온존·복권해 가는 정치과정을 준비한 것에 대해서다. 그것은 조기에 일본의 안정적 점령과 전후 미국의 유력한 경제시장으로서의 역할, 거기에다 동맹국가로 육성한다는 미국의 전후 아시아전략이 표출된 것이며, 그 의미에서 미국의 책임은 극히 중대하다.

그 점에서 천황의 처분을 둘러싸고 미국 국내에서는 정부를 포함해서 다양한 의견이 존재하고 영국이나 중국 등 다른 연합국들이 천황에 대한 엄한 처분을 요구하는 합리적인 청구도 최종적으로는 미국이 바라던 전후 국제질서의 형성이라는 문맥 속에서는 소용없는 것이었다. 또 그 행위는 일본에서 새로운 군국주의나 파시즘의 싹이 나게 했다는 의미에서 범죄적 행위인 것이다.

'개혁점령'의 변질과 남겨진 과제

　실질적으로 미국 단독에 의한 간접통치로서 개시된 점령은 역사적으로 본다면 제1차 세계대전 후의 점령이 패전국으로부터 전쟁배상을 확실히 징수하기 위한, 말하자면 '보증점령'의 성격이 강했다.

　이와 반대로 독일·이탈리아·일본이 말하는 파시즘 국가를 민주주의적 또는 사회주의 시스템과 사상의 도입에 의해 적성국가로서 국제정치의 무대에 등장하지 못하게 국가형태에서 국민의 사상·문화에 이르기까지 군국주의와 파시즘적인 부분을 제거하기 위한 '개혁점령'이었다. 그런 의미에서 일본 헌법의 제정이나 정치·경제·교육 등 여러 영역에서의 일련의 민주화정책은 개혁점령이라는 주지에 충실히 따른 것이었다.

　그러나 '비군사화=민주화'를 기조로 하는 일련의 개혁점령은 평화헌법의 제정을 정점으로 하는 성과를 획득하긴 했지만, 1950년 6월에 시작된 한국전쟁이 결정적 요인이 되어 변질되기 시작한다. 비군사화 민주화 노선의 재평가와 일본의 반공방파 제국가화라는 미국의 대일 점령정책의 전환이며 소위 '역코스'라고 규정되어 온 것이다.

　그것은 또 실질적인 의미에서의 개혁점령이라는 역사적 목표의 포기이기도 했다. 구체적으로는 편면강화片面講和에 의한 점령의 종결과 동시에 체결된 미일 안보조약에 의해 실행됐다. 그리고 여기에 이르기까지의 일본 점령기간에 대해서는 지금도 충분히 검토되지 않고 문제의 본질이 애매한 상태로 보류된 과제가 몇 개정도 존재한다.

제1로는 역사적 과제로서 출발했을 터인 '개혁점령'이 미소 냉전의 본격화라는 국제정치질서의 변동에 의해 포기된 기본적 배경에는, 일본 점령이 미국에 의한 단독점령이라는 점령 행태에 있었던 것에 틀림없다.

그렇다면 미소 냉전이라는 변동요인에 의해 좌우될 정도의 개혁점령을 실질적으로 단독점령에 의해 실행하려고 한 미국의 대일 정책은 독일에서의 미·소·영·불 4개국의 공동점령에 의해 미소 냉전의 영향력을 최소한으로 줄이고, 독일의 철저한 비군사화=민주화를 달성해서 얻은 사실과 비교할 것까지도 없이 새로운 비판의 대상으로 삼아야 할 것이다.

제2로는 1945년 8월의 일본 점령 개시로부터 한국전쟁이 개시되는 1950년 6월까지의 점령기간, 즉 '역코스'가 시작되기까지의 일련의 비군사화=민주화 노선을 역코스 이후와 비교해서 이를 적극적으로 평가하는 역사인식이 여전히 많은 점이다.

결과적으로 제9조에서 상징되는 일본국 헌법의 제정의 의미는 크지만 그 안에서 비군사화=민주화 노선은 소련에 의한 북방영토의 군정 시행과 함께 무엇보다도 오키나와의 장기적 군사점령이 계속된 상태하에서 진행됐다. 그 점에서 생각해 둘 필요가 있는 것은 일본의 주요 영토의 민주화가 오키나와의 군사화·기지화에 의해 처음으로 실현된 사실을 어떻게 보는가라는 문제다.

이와 관련해서 말하자면, 1947년 9월 쇼와 천황이 미군에 의한 오키나와의 장기 군사점령을 희망하는 취지의 '오키나와 메시지'를 유감없이 발휘한 것처럼, 전쟁 전의 일본의 관료기강 및 천황제의 실질적인 온존책과의 교환조건으로 그러한 군사화 노선의 요청이 이루어진 것이다.

천황을 정점으로 하는 온존된 보수층은 미소 냉전체제 속에서 한국·인도네시아·미얀마 등 아시아 주변 제국의 군사화를 방지함으로써 일본의 민주화를 실현하고 자본주의 발전의 기회를 형성해가는 대아시아 외교의 기본전략에도 차용된 점을 생각하면 역코스 이전의 비군사화=민주화 노선 속에 배양된 부의 유산에 대한 검토는 불가결할 것이다.

제3으로는 일본의 보수층의 온존과 복권의 기회가 이 점령기간 중에 부여된 점이지만 그 기회는 늘 지적해온 대로 역코스 시대에만 한정되지 않은 점이다. 그 이상으로 미국에 의한 일본 점령이 개시되기 직전, 다시 말하면 일본이 패전을 하기 직전에 '종전공작'과 미국의 대일 점령계획 구상 속에 이미 그 싹이 존재했고 동시에 패전 전후에 실행된 것이다. 그것이 미국의 간접 점령방식과 호응하는 것으로 온존책이 실현되고 거기에다 역코스에서 완전히 전쟁 전의 관료기강

등이 복권을 성취하는 사태를 맞이하게 된다.

강화조약의 한계성

1950년대 전반 일본에서 최대의 정치과제가 강화 문제였으며 거기에 부수한 기지 및 자위대 창설에 이르기까지의 군비의 재평가를 둘러싼 논쟁이었다. 7년에 걸친 미국의 간접통치 방식에 의한 단독 점령을 통해서 형성된 재편계획에서 일본은 샌프란시스코 평화조약에 의한 점령상태로부터 탈각한 후에도 미일 안보조약의 기본목표로서 일본 전도의 기지를 빌려주는 조건 중에 대중국·대소련을 봉쇄하는 군사전략의 최전선 기지로서의 역할을 짊어지게 된 것이다.

그것은 국제분쟁 해결의 수단으로써 군사력의 행사를 포기하고 비군사적 수단에 의한 국제평화 공헌이라는 가능성을 스스로 버린 것이었다. 동시에 일본의 군국주의의 부활과 재군비에 대한 경계심을 품고 있던 지난 날 일본에게 침략당해 심대한 피해를 입은 아시아 제국과의 결정적인 틈이 생기게 된다. 그런 의미에서 일본의 전토기지화와 일본 재군비를 시킨 강화조약을 둘러싼 국내의 쟁점화는 냉전시대에서 탈냉전시대인 현재에 이르기까지 전후 체제를 결정하는 문제로 있었던 것이다.

샌프란시스코 강화조약은 아시아 태평양전쟁에서 일본의 교전국과의 전쟁상태를 국제법의 관습에 따라 종결시키고 일본의 전쟁책임을 명확하게 함으로써 모든 교전국과의 우호관계를 수립하는 기회였다. 그러나 '편면강화' 라는 역사적 평가대로 그것은 미국의 전후 아시아 전략과 국제질서의 전환을 기본적인 요인으로 하는 극히 한정적이며 제약적인 강화일 뿐만이 아니라 일본의 국제질서로의 복귀는 처음부터 '서측의 일원' 이라는 구조적 틀 안에서 문자 그대로 조건이 딸린 복귀에 불과했다.

더욱이, 전후 반세기의 흐름 속에서 이 조건부의 복귀라는 냉엄한 역사적 사실에 대한 되물음이 희박해지고 그 결과 아시아 제국과의 공생이라는 전후 일본에 가해진 전후책임을 완전한 망각하게 된 것이다. 그것을 단적으로 나타낸 것은, 1951년 9월 4일부터 샌프란시스코에서 개최된 강화회의에 초청을 받은 인도와 버마가 중국의 북경 정부의 불참이나 미군의 지속 주류 또 일본의 재군비의 동향에 대한 비판과 강화조약 중의 군비제한 조항의 결여, 더 나아가 배상 불복 등의 이유로 참가를 거부하고 한일합병 이후 30년에 걸쳐 식민지화 된 한국이 초청을 받지 않았던 사실이다.

거기에다 강화회의에 초청을 받았던 소련·폴란드·체코슬로바키아가 결석하고 조인하지 않았다. 반대로 소련은 9월 5일에 점령군의 즉시 철퇴, 외국 군대의 체류금지, 남부사할린·치시마의 소련주권의 승인, 오키나와·오가사와라의 일본주권의 명확화, 북경 정부의 참가 등 강화조약 수정안을 제출했지만, 미국의 애침슨 의장은 이것을 안건으로 올리지 않았다. 그 결과 체결된 강화조약은 미국을 리더로 한 서측 진영에 소속하는 국가들과 교환된, 문자 그대로 '편면강화'이고 진정한 의미의 강화조약은 아니었던 것이다.

'편면강화'를 낳은 원인

강화조약을 둘러싸고 일본 국내에서 국론을 이분하는 논쟁으로 발전하지만, 한편 미국 국내에서도 미국 단독점령의 지속과 일본 본토기지의 무제한사용을 주장하고 강화조약체결 자체를 반대하는 통합참모본부(JCS)와 일본인의 대일 감정악화를 기구해, 조건부로 본토기지화를 구상하고 있던 국무성간에 대립이 부상하고 있었다.

이러한 대립의 배경에는 1947년 3월 트루먼 독트린에 의해, 미국의 터키·그리스에 군사원조 개시를 경계로 급격히 긴장된 미소관계가 있었고, 더욱이 1949년 9월 소련의 원폭보유발표, 다음달 10월에는 중화인민공화국이 성립되자, 미소 냉전구조의 본격화라는 국제정치 군사정세의 변동이 있었다.

그와 같은 국제정세의 변동자체가 '편면강화'를 낳은 원인인 것은 논할 것도 없지만, 문제는 그같은 국제정세의 변동을 이유로 자신들이 원한 국제질서 재편의 목적을 위해, 강화라는 역사적 과제를 왜곡한 미국의 입장을 밟은 것이며, 실제로 이를 지지한 영국이나 프랑스 등의 연합국과 이와 같은 강화에 추종하는 것을 보수재건의 기회로 삼고 여기에 편승한 일본의 보수정치가 및 관료들의 존재인 것이다.

미국은 이를 기회로 본래 패전국의 전쟁책임을 엄하게 묻고 전쟁배상의 획득과 전쟁 범죄자의 철저한 처벌 등을 법적으로 확인해야 할 강화조약의 역할을 실질적으로 무의미화 시킨 '편면강화'를 일본에 밀어붙임으로써 일본을 서측 진영에 집어넣으려고 한 것이다. 그리고 일본의 보수층은 그들의 세력의 온존과 복권을 보증할 비징벌주의의 성격이 명확해진 '편면강화'(단독강화)에 적극적으로 가담하기 시작한다.

그 증거로 1950년 5월의 이케다池田·돗지 회담에서 미군기지 제공의 제기가 있었고, 1947년 5월 6일, 맥아더 원수와의 회견 석상에서 '일본의 안전보장을 꾀하기 위해서는 앵글로색슨의 대표자인 미국이 그 주도권을 잡는 것이 필요하며, 이를 위해 원수의 지원을 기대하고 있습니다' 라는 쇼와 천황의 발언이 있었다.

이 쇼와 천황의 제기는 일본 국토기지의 자리매김을 둘러싼 미국 국내의 한계 상황조차도 타개하는 역할을 하게 되고, 미일간에 일본 전도의 어떤 장소를 막론하고 기지로써 사용가능한 내용을 담은 '전도 기지차여 방식'이 합의된 것이다. 그 결과 강화조약 제 5항에서 외국 군대의 체류와 기지사용이 명기되기에 이른다.

미일 안보조약체결과 재군비 개시

강화조약 조인 후의 1951년 9월 8일에 조인된 미일 안전보장조약은 이와 같은 미국의 전후 아시아전략의 기본적 성격과 쇼와 천황을 포함한 일본의 보수층의 스탠스의 합작으로서 발의된 조약이었다. 그리고 미일 안보조약의 본질은 그 비밀성에 있었다. 즉 조인식에 유일한 일본 대표로 출석한 요시다 시게루吉田茂는 조인을 앞에 둔 국회에서 조약의 전모를 개시하지 않고 실질적으로 외교비밀로 했던 것이다.

미일 안보조약은 국권의 최고기관인 국회에서 심의되지 않고, 또 강화조약 조인에 의해 회복해야 할 일본 국가의 주권성을 발휘하지 못한 채, '전도 기지차여 방식'에 집약된 것처럼 미국에 일본 본토 방위의무를 과한 것은 아니었다. 그것은 일본이 일방적으로 기지제공을 약속한 것뿐인 극히 종속적인 내용으로 관철된 것이었다.

1960년 6월 미일 안보개정에서 동 조약은 일본의 미국에 대한 협력을 한층 강하게 하는 교환조건으로, 미국에 일본 방위의무를 과함으로써 '쌍무적'인 성격을 부여했다는 견해가 있다. 그러나 그것은 일본이 미국의 아시아전략에 대한 레벨을 높인 것에 불과하고 동 조약의 대미 종속성을 강하게 한 점에서 1951년의 안보의 기본적 특질은 변하지 않았다.

그 1951년 안보에서 중요한 결정이 하나 더 미국으로부터 제시되고 동 조약에 포함시키게 된다. 그것이 재군비 문제인 것이다. 동 조약의 전문에는 '직접 및 간접침략에 대한 자국 방위를 위해서 잠정적으로 스스로 책임을 지기위해서 일본 측에 재군비를 기대한다'고 명기했다.

일본의 재군비는 한국전쟁이 시작된 해인 1950년 7월 8일 맥아더 원수의 명령에 의해 7만 5천명으로 구성된 경비예비대의 창설이 내세워지고, 동년 8월 10일 정부명령 260호 '경찰 예비대령'이 공포·시행되면서 이미 시작됐다. 그것이 미일 안보조약에 의해 소위 공식화된 것이다.

일본 재군비는 한국전쟁 개시와 더불어 미국의 주류군이 한반도에 출격해 그 결과 생기는 공백을 메우고 재일 미군기지와 그 가족의 안전을 보장하기 위한 것으로 알려져 있다. 그러나 사실은 그렇지 않다. 미국은 이미 1948년 2월 시점에서 일본의 재군비를 검토하기 시작했으며, 그 직간접적인 계기가 된 것은 중국대륙과 한반도의 정치정세의 변동이었다. 그것은 최종적으로 1949년 10월 중화인민공화국이 성립되기까지 중국에서의 공산군 세력이 우세였고, 1948년 8월 대한민국과 동년 9월 조선민주주의 인민공화국의 성립이었다.

이런 아시아의 변동요인을 배경으로 미국은 1948년 10월에 대일 점령정책의 전환을 명확히 한 'NSC 13/2' 문서를 결정하고 그 속에서 '현재의 중앙집권적 경찰조직의 확충'(제7항)을 내세우고 현존의 국가지방경찰 3만 명을 확충하는 형식을 취하면서 실질적인 재군비를 기획하고 있었던 것이다. 다시 말하면 일본국 헌법공포(1946년 11월)로부터 약 1년 남짓 동안에 평화헌법의 이념과 목적을 완전히 부정하는 결과가 되는 재군비를 미국 스스로가 아시아전략의 전환 속에서 구상한 것이다.

재군비 문제에 내포된 과제

여기에서 재군비에 내포된 과제를 2개만 지적해둔다. 제1에는 재군비의 본질이 미국의 내부문서에서 말하는 '경찰군' 방식에 의한 '토민군土民軍'(현지군)의 편성이며 그것은 미국 지배하에 있는 지역을 현지 군대가 미군을 대신해서 치안을 유지시키려는 성격의 군대로써 정해진 것이었다. 그와 동질의 군대조직에는 필리핀의 '필리핀 순경대'와 한국의 '한국 국방경비대' 등이 있다. 경비예비대에서 보안대, 그리고 자위대로 명칭이 변경됐지만 미국에 종속하는 군대로서의 성격은 변하지 않았다.

애초 일본의 재군비계획은 'NSC 13/2' 문서에서 발단했지만, 당시 이 계획에 소극적이었던 맥아더 원수가 아시아정세의 긴박화를 배경으로 1948년 12월, 아시아에서 분쟁이 생길 경우를 대비해서 일본인으로 구성된 군사조직을 만들 필요성을 미국 정부에 요청한 것이 중요한 계기가 된다. 비밀리에 일본 재군비계획을 준비하는 구상은, 동년 5월에 로열 군장관이 제기한 것이었다.

로열 장관은 동년 1월 6일, '일본을 반공의 방벽으로 한다'고 연설하고, 비군사화=민주화를 기조로 하는 대일 점령정책의 수정을 주장한 인물이도 했다. 맥아더와 로열의 재군비방침의 일치는 동시에 미국 국내에서의 일본 재군비를 둘러싼 대립해소에도 연동한 것이었다. 그 결과 한국전쟁이 시작된 1950년 6월 시점에는 일본 재군비의 개시를 고하는 경찰 예비대가 창설된다.

그러나 이 경찰 예비대의 창설은 어디까지나 'NSC 13/2' 문서의 구체화였으며, 일본 독립 후, 즉 강화조약 성립 후의 일본의 장래적이며 본격적인 의미에서의 재군비를 시야에 넣은 것은 아니었다.

필리핀에서의 공산군 훅바라합의 대공세, 말라야에서의 반영 게릴라투쟁의 격화, 베트남 민주공화국군과 구 종주국 프랑스와의 대립, 캐시미르 지방의 귀속 문제를 둘러싼 인도와 파키스탄의 무력분쟁 등 심각화 된 아시아 정세와 연동하면서, 반미 내셔널리즘을 고양시킬 위험성을 파악하고 있었다. 그 때문에 조기의 강화성립이 불가피하다고 하는 한편, 국방총성 사이드를 중심으로 재일 미군기지의 지속요청이라는 두 개의 대립된 과제를 해결할 필요성이 있었다.

중간 경위는 생략하지만 최종적으로 미국주도의 조기강화 실현에 의해 일본을 미국진영에 포함시킴으로써, 재일미군기지의 항구적인 사용권확보를 통해 일본방위와 아시아를 공격대상으로 하는 출격기지화를 유인한 미일 안보조약은 지극히 공격성이 강한 군사조약으로 성립돼 간다. 그 결과가 낳은 경찰 예비대도 명칭과는 정반대로 미국의 아시아전략에 규정된 군대로서 장래적으로는 아시아에 출격하는 미국의 보완부대로써의 역할기대를 짊어진 존재였던 것이다.

실제로 1950년 7월에 극동미군사령부가 작성한 극비문서 '경찰 예비대 창설계획'에는 창설이유에 관련해서 극동미군사령부 소속의 병력으로 본 경찰 예비대도 장래적으로는 '남북한, 대만, 필리핀, 인도네시아에 파견할 필요가 생길 가능성이 있다'고 명기하고 있었다. 신가이드라인 안보체제하에서 자위대의 새로운 역할기대로서의 미일 공동작전의 전개와 일련의 통합 군사훈련으로 구현되는 미일 양군의 일체화의 싹은 이때부터 명확히 극인된 것이었다.

어쨌든 아시아에서 미군의 보완부대의 창설을 목적으로 시작된 재군비는 동시에 미국군에 대한 일본 군대의 철저한 종속성을 특질로 했다. 재군비가 미군 점령하에서 실행되고 일본 정부와 일본 국민에게 창설의 경위를 전혀 알리지 않은 채 미군총사령부 민사국民事局의 지도하에 미국 정부의 내부문서에서 '극동 특별예비대'라고 비밀리에 불려지고 있던 경찰 예비대의 편성과 훈련, 그리고 간부의 인선이 추진됐다.

미일 관계의 전환과 안보개정 속에서 자위대의 질과 위치는 변화하지만, 오늘날까지 비밀로 해온 '유사 지휘권'과 '통일 지휘권'에 관한 역사자료의 공개로 명확해지고 있는 미군의 종속적 군대라는 본질은 변함이 없으며 더 나아가 신가이드라인 안보체제하에서 그 특성은 한층 증폭됐다고 할 수 있다.

즉 미국에 대한 종속성을 특질로 하는 재군비는 유사시에 일본 자위대도 미국의 전쟁에 가담이 강요된다는 틀 안에 놓여져 있었던 것이다. 사실 1954년 2월 8일에는 할 극동사령관이 유사시에는 자위대가 미군의 지휘하에 들어가는 것을 요시다 시게루 수상에게 양해를 받았다고 한다. 이것은 일본 국내에서 발생한 내란·소동을 진압하기 위해 미군의 진압부대로서 투입할 수 있다는 지극히 식민지주의적 색채를 선명하게 띤 미일 안보의 성격과 상관관계에 있다고 지적할 수 있다.

재군비를 지탱한 구 군인과 구 군조직

재군비 문제에서 두번째로 중요한 문제는, 일련의 재군비 과정에서 구 군인그룹이 복권하고 실질적으로 요시다 시게루 정권하에서 강행된 재군비정책의 입안과 실행을 담당한 것이다. 전쟁 전의 육·해군성 등 구 군사기강이 해체되는 한편 복원국復員局 등 구 군인을 온존·복권시키는 곳이 창설되고, 거기에서는 자위대 창설로부터 오늘에 이르기까지 특히 자위대 내의 정신교육적인 면에서 전쟁 전에 축적된 노하우가 착실히 전후에 이어져 왔다.

구 군인에 대한 추방해제 및 경찰 예비대 모집에는 군국주의 부활을 경계하는 판단이 요시다 시게루와 GHQ 쌍방에 있었고, 일단 맥아더 원수의 판단에 의해 구 군인의 경찰 예비대의 채용이 보류된 것이었다.

그러나 경찰 예비대 창설을 경계로 대량의 부대지휘 경험자가 필요하다는 이유로 1951년 8월 6일에는 구 육군 5,569명, 구 해군 2,269명의 추방해제 등, 6차에 이르기까지 전체 6만 3,805명에 달하는 구 군인의 추방해제가 실현된다. 그리고 구 군인관계자들이 경찰 예비대로 대량으로 입대하게 된 것이다. 또 신대원의 대부분이 구 일본군으로 어떤 형태로든 전투체험을 가진 사람이었다는 것에다 추방해제 이후 지휘관 계층이 구 군의 장교출신인 케이스가 한층 더 현저화된다.

거기에다 1951년도의 경찰 예비대 모집에서는 육사 58기, 해병 74기 및 동기 상당(패전시 소위)을 대상으로 한 모집이 개시되고, 간부후보생 제1기로 245명이 채용됐다. 또 동년 1월 1일부로 구 군사관급의 장교의 모집이 실시되고, 406명에게 사령교부가 있었으며, 이듬해 1952년에는 구 대사 11명이 고급 지휘관으로 신 일본군에 채용된 것이다.

군사 기강면에서 말하면 특히 해군의 경우 인맥부분에만 머물지 않고 군사기강·조직에서도 그 해체와 재건 프로세스의 구분이 어려웠다. 확실히 일본의 패전 직후에는 구 군대의 온존책은 구 군간부에 의해 여러 가지로 시행되었다. 이를테면 육군은 고노에近衛 사단 4,000명을 금위부禁衛府와 황실위사대로 온존하는 것, 경찰력 및 무장헌병부대을 합해서 48만명 규모로 된 부대로 재편하고 육군대사의 지휘하에 놓으려는 계획을 실행에 옮기려 했다. 한편 해군 측에서도 수상 감찰대나 연안 경비대의 신설안 등을 짜고 있었으나 결국에는 GHQ의 엄한 감시에 의해 좌절할 수밖에 없게 된다.

육·해군성은 그 잔무 정리를 명목으로 제각기 제1 복원성과 제2 복원성으로 조직을 바꾸고 부활의 기회를 기대하고 있었지만 그 중에서도 제2 복원성(구 해군성)은 해외로부터 군인·군속과 식민자의 철수를 위해, 해상수송과 일본해역의 기뢰제거를 위한 수송부대와 귀해대 등 부대의 온존이 허용되는 상황에서 해군은 사실상 재군비 시작의 중심적 존재가 되어간다. 더 부가하면 해군뿐만이 아니라 육군도 완전히 해체되지 않았던 것이다.

그 속에서도 경찰 예비대로부터 안보대에 이르는 과정에서 구 군사기강과 인맥의 온존과 복권을 목적으로 수행된 정치공작으로써의 '종전공작'의 중핵적 존재로서 활발히 움직인 노무라 기치사부로野

村吉三郎, 호시나 젠시로保科善四郎 등은 요시다 시게루의 사실상의 군사 브레인이 되어 재군비의 실행자가 되고, 또 야마모토 요시오山本善雄, 아키시게 지쓰에秋重實惠, 하쓰미 에이고로初見盈五郎, 나가이 타로永井太郎, 나가사와 코長亦澤浩 등의 구 해군의 중견 군사관료들은 '해상경비대 창설 준비위원회'(통칭 Y위원회)에 집결하고 신 해군 건설을 위해 활동하며 신 일본군에 구 일본군의 조직론과 교육론을 가지고 온 것이다.

이와 같은 일련의 재군비 과정을 개관하더라도 미국은 아시아 전략으로 일본군의 재편을 급속히 밀어붙이고 미국에 완전히 종속한 보완부대로서 육성하려는 중장기적 방침을 명확히 가지고 있었던 것을 알 수 있다.

거기에는 아시아 태평양전쟁에서 교전국 미국의 종속군대로서도 재건과 부활을 다하는 것을 목표로 해온 구 군 간부의 움직임이 현저하며, 그들은 실질적으로 신 일본군의 중핵을 이루고 최종적으로는 오늘날 구현되는 미일 통합군의 등장을 초래하게 된 것이다. 그런 의미에서 구 일본군 또는 전전의 관료기강은 실제 해체되지 않았고 미국에 의해 다시 소생하게 된다. 그러나 소생과정에서 미국으로의 종속 군대화, 나아가서는 종속 국가화가 진행되어 간 것이다.

2. 전쟁 전후를 잇는 것
― 잠재하는 전전 사상의 위험성

이어지는 구 군대 교육

경찰 예비대(1951년 1월 8일)에서 안보대(1952년 10월)에 이르는 재군비 과정에서 장비나 편성면에서는 미군을 모방하고 군대 지휘권을 내각 총리대신에게 귀속시켜 군사행정을 내각 행정권에 포함시키는 등 전전의 천황에 의한 통수권 유지와 통수권 독립제와 달리, 유럽형의 민주주의체제에 포괄되는 군사조직의 확립이 지향됐다. 경찰 예비대와 보안대가 그 장비나 조직면에서 군대로서의 성격을 강하게 가진 점에서 군대와 군대조직을 정면에서 부정한 현행 헌법에 두드러지게 저촉된 것은 틀림없으나 여기에서 문제로 삼고 싶은 것은 '건국정신'에 관한 구 군대와의 연속성이다.

이를테면 1953년 2월에 작성된 '현 단계에서의 신 군 건설에 관한 내부문서'에 따르면 '신군은 세계 인류의 최고 원리인 도의를 근원으로 하는 것이 진정한 군인이며, 신 군은 이에 따라 우리 민족의 생명을 유지하고 정의를 수호하며 국가를 보전하는 것을 사명으로 하며, 세계평화와 국제정의에 기여해야 한다'면서 보안대라는 '신 군'이 명실상부한 군대로서 민족의 생명유지, 국가보전을 목적으로 하는 무력장치로서의 위치가 정해진 것이었다.

그리고 동 문서의 '부록7 안보대의 실상'에는 '과거의 일본군은 충군애국의 정신에 근본해서 이를 여실히 구현했다. 오늘의 보안대에는 이러한 정신이 없다'고 기술돼 있다. 보안대의 간부로서 입대한 구 군인에 의해 작성된 동 문서가 반복해서 기구한 과제는 구 군인과 달리 신 군이 확고부동의 정신적 기반을 가지지 않은 점이었다. 더구나, 헌법의 제약도 있어 구 군처럼 천황을 정신적 기반으로써 직접 받들 수 없는 현실 앞에서 그 분만큼 민족의 우수성과 이성적 애국심, 국가에 대한 충성심이 강조되게 된다.

실제로 현 자위대에 이어진 이 정신교육의 기둥은 '민족애, 애국심, 반공교육' 세 가지다. 그러나 이 시대에 이것들이 함축하는 내용은 편협한 자민족중심주의와 과장된 배외주의를 낳는 결과가 되고, 현행 헌법이 지향하는 국제연대나 국제평화실현에 큰 장애가 되는 것은 불가피하다. 그런 의미에서 전전 군국주의의 부의 교훈이 충분히 되살려졌다고는 도저히 말할 수 없다.

자위대원의 헌법관념

　전전에는 상관의 명령에 대한 절대적 복종이 천황의 군대의 조직 원리로 확립돼 있었다. 즉 '군대 내무서'의 제2장 복종 제8항에는 '명령은 황공히 여기고 이를 즉시 시행할 것이며, 결코 그 부당함을 논해 그 원리나 이유 등의 질문을 허락하지 않는다'고 되어 있고 예를 들어, 포로의 살해, 약탈 등과 같이 국제법규에 조회해서 위법행위나 명백한 인권침해 행위를 초래하는 명령에도 절대적 복종이 강요됐다. 만약 명령에 불복종한 태도를 보인다면 항명죄(육군형법 제57조)로 엄하게 처벌되는 것으로 돼 있다.
　이에 비해 현재의 자위관에 대한 명령과 복종의 관계와 내용은 어떻게 되어 있는 것 일까. 그것은 크게 세 가지의 명령내용으로 분류된다. 부당한 명령, 하자가 있는 위법적인 명령, 중대한 하자가 있는 위법적인 명령 등이다. 부당한 명령에는 복종해서는 안 되지만 뒷부분의 두 가지에 한해서는 일단 복종한 후 이의를 제기하는 것이 적당하다는 교육이 행해졌다고 한다(《군사연구》1989년 9월호 · 도이土井 논문).
　그러나 자위대 법 제56조에는, '상관의 직무상의 명령에 충실히 따라야 한다'라는 규정이 있고, 부당하다고 생각되는 명령에 불복종하는 것이 현실적으로는 불가능한 상태에 있다고 보여 진다. 그 점에서 용어의 표현은 세련되어졌으나 본질적으로 구 군의 명령복종관계가 그대로 이어졌다고 말할 수 있다. 그런 부분에서 독일군대의 항명권이 보류돼 있는 점과 비교해도 일본의 자위대가 구 군적 본질로부터 벗어나지 않았다고 말할 수 있다.

이와 관련해서 자위관에게 어떠한 헌법교육이 행해지고 있는지를 본다면 이것도 불충분하다는 비난을 면할 수 없다. 경찰 예비대 시대의 선언서에는 '나는 일본국 헌법 및 법률을 충실히 옹호한다'고 되어 있고, 보안대 시대에도 '나는 일본국 헌법을 옹호하고 법률을 준수한다'는 내용이었다. 그러나 자위대 창설시에 '헌법옹호'의 문자가 삭제된 경위가 있다.

전후의 재군비는 헌법의 개정안을 먼저 취하는 형태로 강행됐다. 그래서 자위대 창설 당시 군사와 군대의 존재를 전혀 상정하지 않았던 현행 헌법에 충성을 맹세하는 것은 비합리적이라는 판단이 자위대 주변에도 존재하고 그 결과가 '헌법옹호'의 삭제로 이어졌다고 생각된다. 자위대 측에서 본다면 군대조직의 보유를 인정한 신 헌법의 등장을 기다린 다음에 헌법에 충성을 하려고 판단한 것에 틀림없다.

이 문제는 1973년 9월 19일 참의원 내각위원회에서 문제로 삼아 당시 다나카 가쿠에이田中角榮 내각의 야마나카山中 방위청장관이 헌법선서를 추가한다고 답변을 한 경위가 있다. 그러나 선서문의 인쇄문이 수정된 것에 멈추고 자위관에게 헌법준수의 정신과 사상이 대내 교육으로 철저히 행해지고 있다고 하기는 어려운 상황이다.

자위대원이 국가공무원으로서의 위치가 정해져 있다면 당연히 헌법을 존중하고 헌법에서 가리키는 정신과 이념, 특히 현행 헌법이 가리키는 풍부한 인권을 보장하는 내용에 깊은 이해력을 가져야 할 것이다. 그를 위해 주권을 가진 국민에게 충성을 맹세하는 것이 당연히 첫 걸음이 되어야 한다. 충성을 맹세하는 것은 특정 정권이나 특정 기관이 되어서는 안 된다.

군대는 무엇을 지키는가

구 군대와 자위대의 연속성에 대해 지적할 경우, 이들 신구 군대가 도대체 무엇을 지켜 왔는가라는 문제가 있다. 나는 예전에 오키나와전에서 행해진 구 군에 의한 주민 살해의 역사적 사례와 그 배경에 있는 점을 조사·분석한 적이 있다. 거기에서는 주민 살해에 이르는 지휘명령 계통의 분석과 살해에 광분한 구 군대조직이 가진 특질을 뚜렷이 하는 작업에 몰두했다(본서 '제5장 2' 참조).

그 일례로서 구메지마 비행장 근처에 '천황의 군대에 학살된 구메지마 주민 재구메지마 조선인'이라고 기술된 묘비명(통한의 비)에 의해 알려진 구메지마 주민살해 사건을 일으킨 가야마鹿山 대장은 전후 도쿠시마德島의 농협에 근무하고 있었을 때, 잡지 인터뷰에서 다음과 같이 대답했다.

'내 견해로는 당시 스파이 행위에 대해서는 엄연한 조치를 취하지 않으면 미군에 당하기 전에 도민에게 당하고 만다는 것이었다. 무엇보다도 내 부하는 30명이 조금 넘고 섬 주민은 1만 명이나 있었기 때문이다. 섬 주민이 상대편으로 가버리면 잠시도 버티지 못한다. 그래서 섬 주민에게 일본에 대한 충성심을 굳건히 하기 위해서도 단호한 조치가 필요했던 것이다. 섬 주민을 장악하기 위해서 나는 한 것입니다'(《선데이 마이니치》 1972년 4월 2일자)

구메지마 주민이 스파이행위를 했다는 증거가 전혀 없다는 것은 증명돼 있고 사건의 진상은 오키나와 주민에 대한 차별의식이나 비인권의식에서 발로된 공포심 등이 주요인으로 된다. 그러나 구 일본군이 자기보존에 집착한 나머지 본래 지켜야 할 국민을 희생까지 해서 군대조직의 보존과 유지에 혈안이 되어 있는 모습이 뚜렷하다. 거기에는 천황의 군대를 보수保守함으로써 천황에 대한 충성심을 발휘하는 기회로 삼고 그를 위해서는 자국민의 생명조차도 되돌아보지 않은 채, 나아가서는 재일조선인에게 더 심한 차별과 억압의 심정을 발로로서, 살해에 이르는 구 일본군의 실태가 노출돼 있다.

이와 관련해서 또 다른 구 일본군인의 발언을 인용해 둔다. 전 관동군 작전반장이었던 구사치草地 씨는 전쟁목적과 주민보호의 관계에 대해 자신의 체험을 바탕으로 다음과 같이 진술하고 있다.

'군은 생명보다도 숭고한 국가방위·민족보존·전통문화 선양의 중핵적 실력으로서 엄연히 존재해야 한다. 극한 상황이란 전쟁(전투) 그 자체였다. 주민보호와 같은 것은 2차적인 문제다'(구사치《중국 잔류고아 문제의 대관》일본방위연구회).

여기서는 적나라한 형태로 구 군대가 '주민보호' 이상으로 국가체제와 국토, 그리고 전통문화의 체현자로서의 천황제를 보수하는, 말하자면 '국체호지'가 최우선으로 지켜야 할 대상이라는 인식을 명확히 한 것이다.

아시아 태평양전쟁에서 일본의 전력이 완전히 붕괴되었음에도 불구하고 쇼와 천황을 정점으로 하는 궁중그룹과 정부 및 군부는 신속히 전쟁종결을 위한 정책전환을 하지 않았고, 또 연합군이 발한 포츠담선언도 당초에는 묵살했다. 그 결과 도쿄대공습, 오키나와전, 히로시마·나가사키에 대한 원폭투하로 상징되는 심대한 국민적 피해를 입게 되기에 이른다. 그리고 그 사이에도 가혹한 식민지지배와 일본군에 의한 점령지역에서의 수많은 학살사건이 반복되고 있었던 것이다.

거기에서 전쟁종결로의 정책전환을 최후까지 결정하지 못했던 최대 이유는 천황제 지배체제의 보수(=국체호지)가 있었던 것이다. 쇼와 천황을 포함해서 연합국과의 사이에서 강화조약을 체결하는 최대 조건이 '국체호지'였으며, 그 확증을 얻지 못하는 한 국민의 생명이 어떤 위기에 처해져도 이를 고려하는 것은 없었던 것이다.

천황제 국가의 군대가 결코 국민의 생명과 재산을 지키는 역할을 짊어진 조직이 아니라, '황군'의 이름대로 천황제(=국체)를 보수(=호지)하기 위해서 존재한다는 것은 오키나와전에 한정되지 않고 아시아 태평양전쟁 전체에서 보여 진다. 그 같은 구 군대의 체질은 신 군대인 자위대로 이어져 있지는 않는 것일까

자위대 간부의 오키나와전 인식

이러한 문제와 관련해서 자위대는 도대체 무엇을 지키려고 하는지 당연히 묻게 된다. 우선 구 일본군의 특질을 노출시킨 오키나와전을 자위대·방위대는 어떻게 총괄하고 있는지 소개해 둔다.

방위청의 싱크탱크 기관인 방위연구소가 작성한 '오키나와 작전에서 오키나와 도민의 행동에 관한 사실史實자료' (1960년 간)의 '제 6절 주민의 적통敵通행위의 유무에 관해서'에는 '적통사례는 앞의 사례처럼 군이 너무나 신경과민이 돼 있어, 사려가 부족한 말단부대 내에

서 행해진 것으로, 사실 적통행위로 처형된 것은 군의 지나친 행위며 현재도 이에 대해 일반으로부터 비난을 받고 있다'고 기술돼 있다.

1960년 당시로 말하면, 구메지마 사건 등 일련의 사건들이 오키나와에서 일본군에 의한 주민학살 사건이 전면적으로는 명확해지지 않은 시점이었지만, 일본군에 의한 주민학살사례를 인정하면서 그것이 사려가 부족한 말단 부대 내에서 일으킨 특수 예외적인 사건으로 판단되었다. 더구나 거기에는 주민살해의 동기를 전쟁터에서의 일본군이 과장된 신경과민성으로 보고 살해의 직접 요인을 미군이 오키나와 주민을 이용해서 실시한 첩보행위에 대한 대처 조치에 두었다.

한층 더 주목하고 싶은 것은 '제7절 방첩대책'에서 오키나와전의 교훈으로써 '적 상륙 후 금방 자유로워지는 지역에 첩보에 활용할 수 있는 주민을 방치하는 것은 극력히 피해야 하며, 반대로 군의 보호하에 비무장지대를 설정해서 종결시키는 것이 바람직하다'라는 결론을 기술하고 있다.

말하자면 이 문서에는 오키나와 주민에 대한 살해 사례를 인정하면서도 그 원인이나 동기 속에 국민의 생명·재산에 대한 배려가 결여되어 있었다는 구 군대의 특질에 관한 관심이 전혀 없고, 단지 장래적으로 국토가 전쟁터가 되었을 경우에 보다 철저한 방첩태세를 취하는 것으로 작전수행의 완전성을 추구해야 한다는 군사적인 관심만이 있었다.

여기에서는 전쟁이 일어났을 경우에 국민의 생명·재산을 희생하더라도 국가나 군대의 목적을 달성하려는 구 군대 이후의 냉엄한 논리가 살아 있다고 지적할 수밖에 없다. 이 일개 문서로는 국가·군대와 국민의 사이에서 국민 자신이 국가·군대를 통제·관리하는 주체라고 하는 전후 민주주의 원리의 부정 내지는 무시하는 자세를 알 수가 있을 것이다.

이러한 자세는 자위대 간부의 의식에도 면면히 살아 있다고 말할 수 있다. 이를테면 지난 해양자위대 간부학교 교장이었던 치쿠도筑土 해장은 가장 중요한 것은 방위노력을 집중하는 대상이 방위전략의 주요 요인이라면서, 방위대상은 '국토'라고 명확히 논하고 있다(《해간교海幹校 평론》 1971년 9월호). 이 경우 '국토'란 지리적 공간으로서의 영토·영해·영공을 가리킨다고 하지만, 육상 막료감부陸上幕僚監部 편 《정신교육(육사본기용·육사연성용)》(1962년 간)에는 자위관의 정신·사상교육의 기둥으로서 '일본 민족의 우수성', '이성적 애국심'이 강조되어 있었다.

또 자위대의 정신적 기반으로 천황의 위치가 재 확정되고 천황을 '자위대통합의 대상'(《군사연구》 1989년 3월호·구리스栗栖 논문)이라고 단언하거나 '정권이 사회당을 비롯한 좌익정권으로 이행되었을 때 이를 그대로 국민의 의사로서 순순히 받아들일 수는 없다. 지금의 자민당을 중심으로 하는 정권, 말하자면 의회제 민주주의에 의한 정권하에 있다는 것을 전제로 만든 자위대이므로 만약 그런 사태가 되었다면 그 밑에서 일하는 것을 떳떳하게 여기지 않고 떠나는 자가 다수 나올 것이다'(《군사연구》1989년 11월호 마쓰오카松岡 논문)라는 발언을 조합하면, 자위대는 특히 쇼와 천황의 장례를 경계로 그때까지 내부에 축적돼 온 천황에 대한 지지를 한꺼번에 분출시킨 감이 크다.

그로 인해 자위대에 내재해 온 현 체제의 유지(체제호지)를 위해 발동되는 국가의 폭력장치라는 성격이 한층 더 강화됐다고 생각된다.

구리스 씨는 전 통합 막료회의 의장, 마쓰오카 씨는 전 동부방면 총감이라는 자위대 제복조의 최고 간부이며 그 같은 인물들의 발언을 보면 틀림없이 현직의 고급 자위관이나 중견 자위관의 대부분이 유사한 천황관이나 자위관의 역할에 대한 인식을 '사명감'이라는 형태로 갖고 있다고 봐도 좋을 것이다.

그 같은 천황관이 전전의 통수권 보유자로서의 천황, 그리고 전전 군국주의정신이나 사상의 근원으로서의 천황에 대한 친근한 정의 표현이라면 전후 평화국가 · 평화사회 건설을 목적으로 해 온 일본의 국제적 책임이라는 관점에서 본다면 극히 중대한 문제다. 동시에 자민당정권밖에 인지하지 않는다는 발상 자체도 열린 국가로서의 군대의 중립성이라는 기본적 스탠스로부터도 크게 일탈하는 것이다.

자위대의 위헌성을 여기서 일단 놓아둔다고 해도 지켜야 할 것은 국민의 생명 · 재산이고 특정 정당조직이나 특정 기관(천황)은 당연히 아닐 것이다. 그것을 구 군대의 역할을 철저히 총괄하는 속에서 힘껏 배워온 것이 아니었던가.

평화적 생존의 구체화를

일본국 헌법의 비무장 평화주의의 정신과 사상은 인류의 하나의 도달점을 나타낸 것이다. 그 이유는 그것이 통치 기강상의 원리로서 국가권력을 규정하는 기능을 발휘한다는 점뿐만이 아니라 동시에 기본적 인권의 하나로서 '평화안에 생존한 권리'(평화적 생존권)의 원리를 제기하고 있기 때문이다.

이 평화적 생존권이 나가누마長沼 소송의 1심판결(1973년 9월)을 통해서 유력한, 소위 '새로운 인권'으로서 적극적으로 채용된 배경에는 전쟁이라는 직접적인 폭력이야 말로 장래 인권을 침해할 가능성이 있다는 것을 예측하게 되었기 때문이다.

국제적 시점에서도 평화적 생존권이 등장해 온 배경이 된 것은 금세기에서의 심대한 전쟁 피해에 의해 전세기까지 용인되어 온 주권국가의 정당한 권리로서의 전쟁이라는 인식이 그 근저에서 되묻기 시작한 것이다. 패전국은 물론 승전국조차도 전쟁에 의한 인적피해는 국가총력전이라는 근대 전쟁의 형태로 인해 심각해져 왔다는 현실을 체험해 왔다. 예를 들어 주권국가일지라도 전쟁에 호소하는 것은 위법이라는 생각이 일반화되고 거기에서 '인권으로서의 평화' 라는 사상이 키워져 온 것이다.

금세기 중반 인류는 핵 위협하에서 증오와 억압의 역사를 새기기 시작하고 또 자본주의의 전개와 사회주의의 성립 속에서 동서대립, 그리고 세계규모의 빈부의 확대라는 남북 문제의 부상이라는 현실 앞에서 평화와 인권이야말로 인류가 안은 과제를 극복하는 정신이며 사상인 것을 깨닫기 시작했다.

이와 같은 과제를 극복하는 과정에서 일본은 그러한 정신과 사상을 함께 담은 현행 헌법을 손에 넣었다. 그러나 지금까지 간단히 말한 것처럼 그러한 정신과 사상을 정면에서 부정하는 군사조직으로서의 자위대의 존재를 허락하고 있다. 특히 현재 진행중인 가이드라인 안보체제라는 새로운 군국주의 체제의 구축과정에서 필자가 지적한 것처럼 구 군대의 특질을 강하게 잇고 지금은 세계 유수의 강대한 전력을 가지기에 이른 자위대라는 이름의 군대조직은 평화적 생존권을 침해하는 위험한 존재로 인식하지 않을 수 없다.

전전 일본 국가가 걸어온 과정을 돌이켜봤을 때, 평화가 아닌 전쟁 상태나 빈곤이나 차별·억압, 거기에다 부정과 불공평이 버젓이 통과하는 사회에서는 인권이 보장되지 않았던 것을 반복해서 확인하지 않으면 안 된다. 평화를 유지하면서 보다 완전한 인권을 보장하는 평화사회를 창조하는 사상을 왕성히 하고 그 실현을 위해 행동할 필요성을 통감한다.

동시에 평화가 인권보장의 전제임을 이해하지 않으면 안 된다. 그 의미에서 '생존하는 권리가 온갖 인권 중에서 제1의 권리다. 생존하는 권리란 전쟁의 폐지를 의미한다'(《법률시보法律時報》제45권 제14호 후카세 논문)는 인식을 공유하는 것이 지금만큼 요구된 때는 없었다.

따라서 위법이지만 현실로 존재하는 자위대라는 군대조직이 품고 있는 전전의 군국주의 정신이나 사상은 무엇보다도 자위대의 민주화를 밀고 나가는 것으로 극복해야 한다. 그리고 무엇보다도 신가이드라인의 체제하에서 미국과의 공동 군사체제의 구축과정에서 국제분쟁 해결을 위해 군사력의 행사를 중요한 선택지로 채용하려고 하고 있는 정부·방위청의 군사정책의 비합헌성을 주권자인 우리들이 계속 호소하고 평화적 생존권을 업신여기는 정책을 즉각 포기시킬 필요가 있다.

평화적 생존권이란 현행 헌법에 명시된 우리들 시민이 기구하는 평화를 침해하고 평화상태에 살 권리를 침해할 가능성이 있는 온갖 정책을 채용하려고 하는 정부나 기관에 이의를 제기할 권리가 있다. 평화적 생존권의 확립을 위해 노력하는 것은 일본 국민이 다 같이 완수해야 할 책무인 것이다.

주요 참고문헌 (장별·간행 연도 순)

【제1장】
《近代日本思想史講座7　近代化と伝統》　筑摩書房, 1959.
竹内好　編集·해설　《アジア主義》　筑摩書房, 1963.
吉本隆明　編集·해설　《ナショナリズム》　筑摩書房, 1964.
大山梓　編集·해설　《山有朋意見書》　原書房, 1966.
大江志乃夫　《近代日本とアジア》　三省堂, 1967.
橋川文三　《近代日本政治思想の諸相》　未來社, 1968.
本山幸彦　《明治思想の形成》　福村出版, 1968.
金原左門　《'日本近代化'論の歷史像》　中央大出版, 1968.
吉本隆明　編集·해설　《國家の思想》　筑摩書房, 1969.
橋川文三·松本三之介　編　《近代日本政治思想史Ⅰ》　有斐閣, 1971.
岩井忠熊　《明治國家主義思想硏究》　木書店, 1972.
竹内好·橋川文三　編　《近代日本と中(상·하)》　朝日新聞社(朝日選書14), 1972.
前田哲男·纐纈厚　《東郷元帥は何をしたか》　高文研, 1989.

【제2장】
臼井勝美　《日中戰爭》　中央公論社(新書), 1967.
木幸一　《木戶幸一日記》(하권)　東京大出版, 1966.
參謀本部　編　《杉山メモ》(하권)　原書房, 1967.
家永三郎　《太平洋戰爭》　岩波書店, 1968.
防衛庁防衛硏修所史室　編　《戰史叢書　大本陸軍部3~5》朝雲新聞社, 1970~1973.
藤原彰　《日本近代史Ⅲ》　岩波書店, 1977.
サミュエル·ハンチントン(市川良一亦訳)　《軍人と國家》(하권)　原書房, 1978.
井本熊男　《作戰日誌で綴る大東亞戰爭》　芙蓉書房, 1979.
藤原彰　《昭和の歷史5　日中全面戰爭》　小学館, 1982.
木坂順一郎　《昭和の歷史7　太平洋戰爭》　小学館, 1982.
藤原彰　《太平洋戰爭史論》　青木書店, 1982.

三宅正樹他　外 편　《昭和の軍部と政治 3》　第一法規出版, 1983.
古屋哲夫　편　《日中戰爭史研究》　吉川弘文館, 1984.
古屋哲夫　《日中戰爭》　岩波書店, 1985.
江口圭一　《15年戰爭小史》　靑木書店, 1986.
藤原彰今井一　편　《15年戰爭史 2　日中戰爭》　靑木書店, 1988.
藤原彰今井一　편　《15年戰爭史 3　太平洋戰爭》　靑木書店, 1989.
由井正臣　편　《近代日本の軌跡 5　太平洋戰爭》　吉川弘文館, 1995.
纐纈厚　《日本陸軍の總力戰政策》　大育出版, 1999.

【제3장】
高木惣吉　《太平洋海戰史》　岩波書店(新書), 1949.
三宅正樹　《世界史におけるドイツと日本》　南窓社, 1967.
防廳庁衛防衛硏修所史室　편　《戰史叢書　海軍軍戰備(1)》　朝雲新聞社, 1969.
奧村房夫　《日米交涉と太平洋戰爭》　前野書店, 1970.
三輪公忠　《松岡洋右》　中央公論社(新書), 1971.
義井博　《昭和外交史》　南窓社, 1971.
黑羽茂　《日米外交の系譜》　協同出版, 1974.
三宅正樹　《日独伊三國同盟の研究》　南窓社, 1975.
義井博　《日独伊三國同盟と日米関係》　南窓社, 1977.
福田茂夫　《第2次大戰までの米軍事戰略》　中央公論社, 1977.
齊藤孝　《戰間期國際政治史》　岩波書店, 1978.
入江昭　《日米戰爭外交史》　中央公論社, 1978.
松下芳男　편　《田中作國部長の增証言》　芙蓉書房, 1978.
池田淸廳　《海軍と日本》　中央公論社(新書), 1981.
工藤美知尋　《日本海軍と太平洋戰爭》　南窓社, 1982.
野村実　《太平洋戰爭と日本軍部》　山川出版社, 1983.
戶部良一　외　《失敗の本質》　ダイヤモンド社, 1984.
藤原彰　《日本軍事史》(하권)　日本評論社, 1987.
五百旗頭眞　《日米戰爭と戰後日本》　大阪書籍, 1989.
三宅正樹　《日政治外交史研究》　河出書房新社, 1996.

纐纈厚 《日本海軍の終戰工作》 中央公論社(新書), 1996.
山田朗 《軍備擴張の近代史》 吉川弘文館, 1997.

【제4장】
小磯國昭自敍傳刊行會 편《葛山鴻爪》 中央公論事業出版, 1963.
木戸幸一 《木戸幸一日記》(하권) 東京大学出版, 1966.
西島有厚 《原爆はなぜ投下されたか》 青木書店, 1971.
荒井信一 《第二次世界大戰―戰 後世界史の起点》 東京大学出版(UP選書), 1973.
ハーバード・ファイス 《原爆と第2次世界大戰の終結》 南窓社, 1974.
チャルズ・ミー《ポツダム談》 德間書店, 1975.
細川護貞 《細川日記》 中央公論社, 1978.
荒井信一 《原爆投下への道》 東京大学出版, 1985.
外務省 편 《終戰史錄 4》 北洋社, 1987.
茶園義男 《密室の終戰詔勅》 三一書房, 1989.
粟屋憲太郎 《東京裁判論》 大月書店, 1989.
中村政則 《象徵天皇制への道》 岩波書店(新書), 1989.
山田郎 《昭和天皇の戰爭指導》 昭和出版, 1990.
藤原彰 《昭和天皇と15年戰爭》 青木書店, 1991.
藤原彰 외편 《徹底 檢證昭和天皇 '独白録》 大月書店.
山田朗 纐纈厚 《遲すぎた聖斷》 昭和出版, 1991.
大江志乃夫 《御前会議》 中央公論社(新書), 1991.
吉田裕 《昭和天皇の終戰史》 岩波書店(新書), 1992.
粟屋憲太郎 외 편집해설《國際 俊察局押收文書 敗戰時全國治安情報》(제7권) 日本倒図書センター, 1994.
山田朗 《大元帥 昭和天皇》 新日本出版社, 1994.

【제5장】
沖繩タイムス社 편간 《鉄の暴風》, 1950.
米國陸軍省 편 《日米最後の戰鬪》 サイマル出版会, 1968.
防衛庁防衛研修所戰史室 편 《戰史叢書 沖繩方面海軍作戰》 朝雲新聞社, 1968.

防衛庁防衛研修所戰史室 編 《戰史叢書 沖縄方面海軍作戰》 朝雲新聞社, 1968.
琉球政府 編간 《沖縄弦県史 沖縄戰記錄》(제9권), 1971.
八原博通 《沖縄決戰》 讀賣新聞社, 1972.
儀部景俊 編 《沖縄戰―県民の増証言》 日本青年出版社, 1972.
沖縄県教職員組合 編간 《これが日本軍だ―沖縄戰における殘虐行爲》, 1972.
佐木隆三 《言記記錄 沖縄住民虐殺》 新人物往來社, 1976.
大田昌秀 《凸鉄血勤皇隊》 ひるぎ社, 1977.
藤原彰 《天皇制と軍隊》 青木書店, 1978.
石原昌家 《虐殺の島―皇軍と臣民の末路》 晩聲社, 1978.
大島幸夫 《沖縄の日本軍―久米島虐殺の記錄》 新泉社, 1982.
石原昌家 《証言 沖縄戰―戰場の光景》 青木書店, 1984.
大城將保 《沖縄―民衆の眼でとらえる「戰爭」―》 高文研, 1985.
吉田裕 《天皇の軍隊と南京事件》 青木書店, 1985.
藤原彰 編 《沖縄戰と天皇制》 立風書房, 1986.
藤原彰 編 《沖縄戰―國土が戰場となったとき》 木書店, 1987.
纐纈厚 《近代日本の政軍係》 大育社, 1987.
纐纈厚 편집해설 《軍紀風紀に串関する資料》 不二出版, 1992.

【제6장】
林茂 편 《日本終戰史》 讀賣新聞社, 1962.
秦郁彦 《史錄・日本再軍備》 文芸春秋社, 1976.
竹前英治 《岩波講座日本歷史22 對日占領政策の形成と展開》 岩波書店, 1977.
永井陽之助 《冷戰の起源》 中央公論社, 1978.
森田英之 《對日占領政策の形成 アメリカ國務省1940―1944年》 葦書房, 1982.
神田文人 《昭和の歷史8 占領と民主主義》 小学館, 1983.
竹前英治 《GHQ》 岩波書店, 1983.
袖井林二郎 편 《世界史のなかの日本占領》 日本評論社, 1985.
草地貞吾《中國殘留孤兒問題の大觀》日本防衛研究會 1986.
五十嵐武士 《對日講和と冷戰 戰後日米関係の形成》 東京大学出版會, 1986.
安仁屋政昭 외 편 《沖縄と天皇》 あけぼの出版, 1987.

吉見義明 《新しい世界史 7　草の根のファシズム》　東京大学出版, 1987.
渡邊治 《日本國憲法 '改正' 史》　日本評論社, 1987.
高橋紘 《象徵天皇》　岩波書店(新書), 1987.
古関彰一 《新憲法の誕生》　中央公論社, 1987.
藤原彰·今井清一 編 《15年戰爭史 4　占領と講和》　青木書店, 1989.
歷史学硏究會 編 《日本同時代史 1　敗戰と占領》　木書店, 1990.
歷史学硏究會 編 《日本同時代史 2　占領政策の轉換と講和》　木書店, 1990.
袖井林二郎·竹前英治 編 《戰後日本の原点―占領史の現在―》(상하권)　悠思社, 1992.
中村正則 《戰後史と象徵天皇》　岩波書店, 1992.
前田哲男 《日本の軍隊 自衛隊編》　現代書館, 1994.
荒敬 《日本占領史研究序》　柏書房, 1994.
三浦陽一 《吉田茂とサンフランシスコ講和》(상하권)　大月書店, 1996.
豊下楢彦 《安保條約の成立》　岩波書店(新書), 1996.
中村政則 《現代史を学ぶ　戰後改革と現代日本》　吉川弘文館, 1997．
藤井德行 《禁衛府の研究―幻の皇宮衛士隊》　慶応大出版, 1998.
豊下楢彦 編 《安保條約の論理―その生成と展開》　柏書房, 1999.

침략전쟁

2006년 8월 15일 1판 1쇄 발행

지은이　고케츠 아츠시
옮긴이　박인식, 박현주
펴낸이　윤형두
펴낸데　종합출판 범우(주)
등록　1966. 8. 3. 제 406—2004—000012호
주소　(413-756)경기도 파주시 교하읍 문발리 출판단지 525-2
전화　031-955-6900~4
팩스　031-955-6905
홈페이지　http://www.bumwoosa.co.kr
이메일　bumwoosa@chol.com
ISBN　89-91167-66-7　03330

*값은 뒤표지에 있습니다.

이 도서의 국립중앙도서관 출판시도서목록(CIP)은 e-CIP 홈페이지(http://www.nl.go.kr/cip.php)에서 이용하실 수 있습니다.(CIP제어번호: CIP2006001676)

범우문고
주머니 속에 친구를! (낱권 판매-값 2,800원)

1 수필 피천득
2 무소유 법정
3 바다의 침묵(외) 베르코르/조규철·이정림
4 살며 생각하며 미우라 아야코/진웅기
5 오, 고독이여 F. 니체/최혁순
6 어린 왕자 A. 생 텍쥐페리/이정림
7 톨스토이 인생론 L. 톨스토이/박형규
8 이 조용한 시간에 김우종
9 시지프의 신화 A. 카뮈/이정림
10 목마른 계절 전혜린
11 젊은이여 인생을… A. 모로아/방곤
12 채근담 홍자성/최현
13 무진기행 김승옥
14 공자의 생애 최현 엮음
15 고독한 당신을 위하여 L. 린저/곽복록
16 김소월 시집 김소월
17 장자 장자/허세욱
18 예언자 K. 지브란/유제하
19 윤동주 시집 윤동주
20 명정 40년 변영로
21 산사에 심은 뜻은 이청담
22 날개 이상
23 메밀꽃 필 무렵 이효석
24 애정은 기도처럼 이영도
25 이브의 천형 김남조
26 탈무드 M. 토케이어/정진태
27 노자도덕경 노자/황병국
28 갈매기의 꿈 R. 바크/김진욱
29 우정론 A. 보나르/이정림
30 명상록 M. 아우렐리우스/황문수
31 젊은 여성을 위한 인생론 P. 벅/김진욱
32 B사감과 러브레터 현진건
33 조병화 시집 조병화
34 느티의 일월 모윤숙
35 지금은 어디서 무엇을 김형석
36 박인환 시집 박인환
37 모래톱 이야기 김정한
38 창문 김태길
39 방랑 H. 헤세/홍경호
40 손자병법 손무/황병국
41 소설·알렉산드리아 이병주
42 전락 A. 카뮈/이정림
43 사노라면 잊을 날이 윤형두
44 김삿갓 시집 김병연/황병국
45 소크라테스의 변명(외) 플라톤/최현
46 서정주 시집 서정주
47 사람은 무엇으로 사는가 L. 톨스토이/김진욱
48 불가능은 없다 R. 슐러/박호순
49 바다의 선물 A. 린드버그/신상웅
50 잠 못 이루는 밤을 위하여 C. 힐티/홍경호
51 딸깍발이 이희승
52 몽테뉴 수상록 M. 몽테뉴/손석린
53 박재삼 시집 박재삼
54 노인과 바다 E. 헤밍웨이/김회진
55 향연·뤼시스 플라톤/최현
56 젊은 시인에게 보내는 편지 R. 릴케/홍경호
57 피천득 시집 피천득
58 아버지의 뒷모습(외) 주자청(외)/허세욱(외)
59 현대의 신 N. 쿠치키(편)/진철승
60 별·마지막 수업 A. 도데/정봉구
61 인생의 선용 J. 러보크/한영환
62 브람스를 좋아하세요… F. 사강/이정림
63 이동주 시집 이동주
64 고독한 산보자의 꿈 J. 루소/엄기용
65 파이돈 플라톤/최현
66 백장미의 수기 I. 숄/홍경호
67 소년 시절 H. 헤세/홍경호
68 어떤 사람이기에 김동길
69 가난한 밤의 산책 C. 힐티/송영택
70 근원수필 김용준
71 이방인 A. 카뮈/이정림
72 롱펠로 시집 H. 롱펠로/윤삼하
73 명사십리 한용운
74 왼손잡이 여인 P. 한트케/홍경호
75 시민의 반항 H. 소로/황문수
76 민중조선사 전석담
77 동문서답 조지훈
78 프로타고라스 플라톤/최현
79 표본실의 청개구리 염상섭
80 문주반생기 양주동
81 신조선혁명론 박열/서석연
82 조선과 예술 야나기 무네요시/박재삼
83 중국혁명론 모택동(외)/박광종 엮음
84 탈출기 최서해
85 바보네 가게 박연구
86 도왜실기 김구/엄항섭 엮음
87 슬픔이여 안녕 F. 사강/이정림·방곤
88 공산당 선언 K. 마르크스·F. 엥겔스/서석연
89 조선문학사 이명선
90 권태 이상
91 갈망의 노래 한승헌
92 노동자강령 F. 라살레/서석연
93 장씨 일가 유주현
94 백설부 김진섭
95 에코스파즘 A. 토플러/김진욱
96 가난한 농민에게 바란다 N. 레닌/이일
97 고리키 단편선 M. 고리키/김영국
98 러시아의 조선침략사 송정환
99 기재기이 신광한/박헌순
100 홍경래전 이명선
101 인간만사 새옹지마 리영희
102 청춘을 불사르고 김일엽
103 모범경작생(외) 박영준
104 방망이 깎던 노인 윤오영
105 찰스 램 수필선 C. 램/양병석
106 구도자 고은
107 표해록 장한철/정병욱
108 월광곡 홍난파
109 무서록 이태준
110 나생문(외) 아쿠타가와 류노스케/진웅기

111 해변의 시 김동석	168 아리스토파네스 희곡선 아리스토파네스/최 현
112 발자크와 스탕달의 예술논쟁 김진욱	169 세네카 희곡선 세네카/최 현
113 파한집 이인로/이상보	170 테렌티우스 희곡선 테렌티우스/최 현
114 역사소품 곽말약/김승일	171 외투 · 코 고골리/김영국
115 체스 · 아내의 불안 S.츠바이크/오영옥	172 카르멘 메리메/김진욱
116 복덕방 이태준	173 방법서설 데카르트/김진욱
117 실천론(외) 모택동/김승일	174 페이터의 산문 페이터/이성호
118 순오지 홍만종/전규태	175 이해사회학의 카테고리 막스 베버/김진욱
119 직업으로서의 학문 · 정치 M. 베버/김진욱(외)	176 러셀의 수상록 러셀/이성규
120 요재지이 포송령/진기환	177 속악유희 최영년/황순구
121 한설야 단편선 한설야	178 권리를 위한 투쟁 R. 예링/심윤종
122 쇼펜하우어 수상록 쇼펜하우어/최혁순	179 돌과의 문답 이규보/장덕순
123 유태인의 성공법 M. 토케이어/진웅기	180 성황당(외) 정비석
124 레디메이드 인생 채만식	181 양쯔강(외) 펄벅/김병걸
125 인물 삼국지 모리야 히로시/김승일	182 봄의 수상(외) 조지 기싱/이창배
126 한글 명심보감 장기근 옮김	183 아미엘 일기 아미엘/민희식
127 조선문화사서설 모리스 쿠랑/김수경	184 예언자의 집에서 토마스 만/박환덕
128 역옹패설 이제현/이상보	185 모자철학 가드너/이창배
129 문장강화 이태준	186 짝 잃은 거위를 곡하노라 오상순
130 중용 · 대학 차주환	187 무하선생 방랑기 김상용
131 조선미술사연구 윤희순	188 어느 시인의 고백 릴케/송영택
132 옥중기 오스카 와일드/임헌영	189 한국의 멋 윤태림
133 유태인식 돈벌이 후지다 덴/지방훈	190 자연과 인생 도쿠토미 로카/진웅기
134 가난한 날의 행복 김소운	191 태양의 계절 이시하라 신타로/고평국
135 세계의 기적 박광은	192 애서광 이야기 구스타브 플로베르/이민정
136 이퇴계의 활인심방 정숙	193 명심보감의 명구 191 이용백
137 카네기 처세술 데일 카네기/전민식	194 아큐정전 루쉰/허세욱
138 요로원야화기 김승일	195 촛불 신석정
139 푸슈킨 산문 소설집 푸슈킨/김영국	196 인간제대 추식
140 삼국지의 지혜 황의백	197 고향산수 마해송
141 슬견설 이규보/장덕순	198 아랑의 정조 박종화
142 보리 한흑구	199 지사총 조선작
143 에머슨 수상록 에머슨/윤삼하	200 홍동백서 이어령
144 이사도라 덩컨의 무용에세이 I. 덩컨/최혁순	201 유령의 집 최인호
145 북학의 박제가/김승일	202 목련초 오정희
146 두뇌혁명 T.R. 블랙슬리/최현	203 친구 송 영
147 베이컨 수상록 베이컨/최혁순	204 쫓겨난 아담 유치환
148 동백꽃 김유정	205 카마수트라 바스야냐/송미영
149 하루 24시간 어떻게 살 것인가 A. 베넷/이은순	206 한 가닥 공상 밀른/공덕룡
150 평민한문학사 허경진	207 사랑의 샘가에서 우치무라 간조/최 현
151 정선아리랑 김병하 · 김연갑 공편	208 황무지 공원에서 유달영
152 독서요법 황의백 엮음	209 산정무한 정비석
153 나는 왜 기독교인이 아닌가 B. 러셀/이재황	210 조선해학 어수록 장한종
154 조선사 연구(草) 신채호	211 조선해학 파수록 부묵자
155 중국의 신화 장기근	212 용재총화 성 현
156 무병장생 건강법 배기성 엮음	213 남원의 향기 최승범
157 조선위인전 신채호	214 한국의 가을 박대인
158 정감록비결 편집부 엮음	215 다듬이 소리 채만식
159 유태인 상술 후지다 덴	216 부모 은중경 안춘근
160 동물농장 조지 오웰	217 거룩한 본능 김규련
161 신록 예찬 이양하	218 연주회 다음날 우치다 핫겐/문희정
162 진도 아리랑 박병훈 · 김연갑	219 갑사로 가는 길 이상보
163 책이 좋아 책하고 사네 윤형두	220 공상에서 과학으로 엥겔스/박광순
164 속담에세이 박연구	221 인도 기행 H. 헤세/박환덕
165 중국의 신화(후편) 장기근	222 신화 이주홍
166 중국인의 에로스 장기근	223 게르마니아 타키투스/박광순
167 귀여운 여인(외) A.체호프/박형규	224 김강사와 T교수 유진오

▶계속 펴냅니다

범우비평판 세계문학

2005년 서울대 · 연대 · 고대 권장도서 및 미국 수능시험주관 대학위원회 추천도서!

1 토마스 불핀치	1-1 그리스·로마 신화 최혁순 ★●	19 F. 카프카	19-1 성(城) 박환덕
	1-2 원탁의 기사 한영환		19-2 변신 박환덕 ★●●
	1-3 샤를마뉴 황제의 전설 이성규		19-3 심판 박환덕
2 도스토예프스키	2-1.2 죄와 벌(상)(하) 이철 ◆		19-4 실종자 박환덕
	2-3.4.5 카라마조프의 형제(상)(중)(하) 김학수 ★●	20 에밀리 브론테	20-1 폭풍의 언덕 안동민 ◆
	2-6.7.8 백치(상)(중)(하) 박형규	21 마가렛 미첼	21-1.2.3 바람과 함께 사라지다(상)(중)(하) 송관식 이병규
	2-9.10.11 악령(상)(중)(하) 이철	22 스탕달	22-1 적과 흑 김붕구 ★●
3 W. 셰익스피어	3-1 셰익스피어 4대 비극 이태주 ★●●	23 B. 파스테르나크	23-1 닥터 지바고 오재국 ◆
	3-2 셰익스피어 4대 희극 이태주	24 마크 트웨인	24-1 톰 소여의 모험 김병철
	3-3 셰익스피어 4대 사극 이태주		24-2 허클베리 핀의 모험 김병철 ◆
	3-4 셰익스피어 명언집 이태주		24-3.4 마크 트웨인 여행기(상)(하) 박미선
4 토마스 하디	4-1 테스 김회진 ◆	25 조지 오웰	25-1 동물농장·1984년 김회진
5 호메로스	5-1 일리아스 유영 ★●●	26 존 스타인벡	26-1.2 분노의 포도(상)(하) 전형기 ◆
	5-2 오디세이아 유영 ★●●		26-3.4 에덴의 동쪽(상)(하) 이성호
6 밀턴	6-1 실낙원 이창배	27 우나무노	27-1 안개 김현창
7 L. 톨스토이	7-1.2 부활(상)(하) 이철	28 C. 브론테	28-1.2 제인 에어(상)(하) 배영원 ◆
	7-3.4 안나 카레니나(상)(하) 이철 ★●	29 헤르만 헤세	29-1 知와 사랑·싯다르타 홍경호
	7-5.6.7.8 전쟁과 평화 1,2,3,4 박형규 ◆		29-2 데미안·크눌프·로스할데 홍경호
8 마스 만	8-1 마의 산(상) 홍경호 ★●		29-3 페터 카멘친트·게르트루트 박환덕
	8-2 마의 산(하) 홍경호 ●●		29-4 유리알 유희 박환덕
9 제임스 조이스	9-1 더블린 사람들 김종건	30 알베르 카뮈	30-1 페스트·이방인 방 곤
	9-2.3.4.5 율리시즈 1,2,3,4 김종건	31 올더스 헉슬리	31-1 멋진 신세계(외) 이성규 허정애 ◆
	9-6 젊은 예술가의 초상 김종건 ●●	32 기 드 모파상	32-1 여자의 일생·단편선 이정림
	9-7 피네간의 경야(抄)·詩·에피파니 김종건	33 투르게네프	33-1 아버지와 아들·연기 이철 ◆
	9-8 영웅 스티븐·망명자들 김종건		33-2 처녀지·루딘 김학수
10 생 텍쥐페리	10-1 전시 조종사(외) 조규철	34 이미륵	34-1 압록강은 흐른다(외) 정규화
	10-2 젊은이의 편지(외) 조규철·이정림	35 T. 드라이저	35-1 시스터 캐리 전형기
	10-3 인생의 의미(외) 조규철		35-2.3 미국의 비극(상)(하) 김병철 ◆
	10-4.5 성채(상)(하) 염기용	36 세르반떼스	36-1 돈 끼호떼 김현창 ★●●
	10-6 야간비행(외) 전채린·신경자		36-2 (속)돈 끼호떼 김현창
11 단테	11-1.2 신곡(상)(하) 최현 ★●●	37 나쓰메 소세키	37-1 마음·그 후 서석연 ★
12 J. W. 괴테	12-1.2 파우스트(상)(하) 박환덕 ★●●		37-2 명암 김정훈
13 J. 오스틴	13-1 오만과 편견 오화섭	38 플루타르코스	38-1~8 플루타르크 영웅전 1~8 김병철
	13-2,3 맨스필드 파크(상)(하) 이용옥	39 안네 프랑크	39-1 안네의 일기(외) 김남석·서석연
	13-4 이성과 감성 송은주	40 강용흘	40-1 초당 장문평
14 V. 위고	14-1~5 레 미제라블 1~5 방곤		40-2 동양선비 서양에 가시다 유영
15 임어당	15-1 생활의 발견 김병철	41 나관중	41-1~5 원본 三國志 1~5 황병국
16 루이제 린저	16-1 생의 한가운데 강두식	42 귄터 그라스	42-1 양철북 박환덕 ★●
	16-2 고원의 사랑·옥중기 김문숙 홍경호	43 아쿠타가와 류노스케	43-1 아쿠타가와 작품선 진웅기·김진욱
17 게르만 서사시	17-1 니벨룽겐의 노래 허창운	44 F. 모리악	44-1 떼레즈 데케루·밤의 종말(외) 전채린
18 E. 헤밍웨이	18-1 누구를 위하여 종은 울리나 김병철	45 에리히 M. 레마르크	45-1 개선문 홍경호
	18-2 무기여 잘 있거라(외) 김병철 ◆		

범우비평판 한국문학총서

근대 개화기부터 8·15광복까지 집대성한
'한국문학의 정본'

	45-2 그늘진 낙원 홍경호 박상배	1-1 신채호편	〈백세 노승의 미인담〉(외) 김주현(경북대)
	45-3 서부전선 이상없다(외) 박환덕 ◆	2-1 개화기 소설편	〈송뢰금〉(외) 양진오(경주대)
	45-4 리스본의 밤 홍경호	3-1 이해조편	〈홍도화〉(외) 최원식(인하대)
46 앙드레 말로	46-1 희망 이가형	4-1 안국선편	〈금수회의록〉(외) 김영민(연세대)
47 A.J. 크로닌	47-1 성채 공문혜	5-1 양건식·현상윤(외)편	〈슬픈 모순〉(외) 김복순(명지대)
48 하인리히 뵐	48-1 아담 너는 어디 있었느냐(외) 홍경호	6-1 김억편	〈해파리의 노래〉(외) 김용직(서울대)
49 시몬느 드 보봐르	49-1 타인의 피 전채린	7-1 나도향편	〈어머니〉(외) 박헌호(성균관대)
50 보카치오	50-1,2 데카메론(상)(하) 한형곤	8-1 조명희편	〈낙동강〉(외) 이명재(중앙대)
51 R. 타고르	51-1 고라 유영	9-1 이태준편	〈사상의 월야〉(외) 민충환(부천대)
52 R. 롤랑	52-1~5 장 크리스토프1~8 김창석	10-1 최독견편	〈승방비곡〉(외) 강옥희(상명대)
53 노발리스	53-1 푸른 꽃(외) 이유영	11-1 이인직편	〈은세계〉(외) 이재선(서강대)
54 한스 카로사	54-1 아름다운 유혹의 시절 홍경호	12-1 김동인편	〈약한 자의 슬픔〉(외) 김윤식(서울대)
	54-2 루마니아 일기(외) 홍경호	13-1 현진건편	〈운수 좋은 날〉(외) 이선영(연세대)
55 막심 고리키	55-1 어머니 김현택	14-1 백신애편	〈아름다운 노을〉(외) 최혜실(경희대)
56 미우라 아야코	56-1 빙점 최현	15-1 김영팔편	〈곱장칼〉(외) 박명진(중앙대)
	56-2 (속)빙점 최현	16-1 김유정편	〈산골 나그네〉(외) 이주일(상지대)
57 김현창	57-1 스페인 문학사	17-1 이석훈편	〈이주민 열차〉(외) 김용성(인하대)
58 시드니 셸던	58-1 천사의 분노 황보석	18-1 이 상편	〈공포의 기록〉(외) 이경훈(연세대)
59 아이작 싱어	59-1 적들, 어느 사랑이야기 김회진	19-1 홍사용편	〈나는 왕이로소이다〉(외) 김은철(상지대)
60 에릭 시갈	60-1 러브 스토리·올리버 스토리 김성렬·황성표	20-1 김남천편	〈전환기와 작가〉(외) 채호석(한국외대)
61 크누트 함순	61-1 굶주림 김남석	21-1 초기 근대희곡편	〈병자삼인〉(외) 이승희(성균관대)
		22-1 이육사편	〈광야〉(외) 김종회(경희대)
★ 서울대 권장도서		23-1 이광수편	〈삼봉이네 집〉(외) 한승옥(숭실대)
● 연고대 권장도서		24-1 강경애편	〈인간문제〉(외) 서정화(초당대)
◆ 미국대학위원회 추천도서	논술시험 준비중인 청소년과 대학생을 위한 책 최다 선정 (31종)	25-1 심 훈편	〈그날이 오면〉(외) 정종진(청주대)
		26-1 계용묵편	〈백치 아다다〉(외) 장영우(동국대)
150권 발행▶계속 펴냅니다		27-1 김소월편	〈진달래꽃〉(외) 최동호(고려대)
		28-1 최승일편	〈봉희〉(외) 손정수(계명대)
		29-1 정지용편	〈장수산〉(외) 이승원(서울여대)
		30-1 최서해편	〈홍염〉(외) 하정일(원광대)
		31-1 임노월편	〈춘희〉(외) 박정수(서강대)
		32-1 한용운편	〈님의 침묵〉(외) 김재홍(경희대)
		33-1 김정진편	〈기적 불 때〉(외) 윤진현(인하대)
		34-1 이기영편	〈서화〉(외) 김성수(성균관대)
		35-1 방정환편	〈어린이 찬미〉(외) 이재철(아동문학회)
		36-1 나혜석편	〈경희〉(외) 이상경(한국과기원)

▶계속 펴냅니다

범우사상신서

1 자유에서의 도피 E. 프롬/이상두
2 젊은이여 오늘을 이야기하자
   렉스프레스誌/방곤·최혁순
3 소유냐 존재냐 E. 프롬/최혁순
4 불확실성의 시대 J. 갈브레이드/박현채·전철환
5 마르쿠제의 행복론 L. 마르쿠제/황문수
6 너희도 神처럼 되리라 E. 프롬/최혁순
7 의혹과 행동 E. 프롬/최혁순
8 토인비와의 대화 A. 토인비/최혁순
9 역사란 무엇인가 E. 카/김승일
10 시지프의 신화 A. 카뮈/이정림
11 프로이트 심리학 입문 C.S. 홀/안귀여루
12 근대국가에 있어서의 자유 H. 라스키/이상두
13 비극론·인간론(외) K. 야스퍼스/황문수
14 엔트로피 J. 리프킨/최현
15 러셀의 철학노트 B. 페인버그·카스릴스(편)/최혁순
16 나는 믿는다 B. 러셀(외)/최혁순·박상규
17 자유민주주의에 희망은 있는가 C. 맥퍼슨/이상두
18 지식인의 양심 A. 토인비(외)/임현영
19 아웃사이더 C. 윌슨/이성규
20 미학과 문화 H. 마르쿠제/최현·이근영
21 한일합병사 야마베 겐타로/안병무
22 이데올로기의 종언 D. 벨/이상두
23 자기로부터의 혁명 ① J. 크리슈나무르티/권동수
24 자기로부터의 혁명 ② J. 크리슈나무르티/권동수
25 자기로부터의 혁명 ③ J. 크리슈나무르티/권동수
26 잠에서 깨어나라 B. 라즈니시/길연
27 역사학 입문 E. 베른하임/박광순
28 법화경 이야기 박혜경
29 융 심리학 입문 C.S. 홀(외)/최현
30 우연과 필연 J. 모노/김진욱
31 역사의 교훈 W. 듀란트(외)/천희상
32 방관자의 시대 P. 드러커/이상두·최혁순
33 건전한 사회 E. 프롬/김병익
34 미래의 충격 A. 토플러/장을병
35 작은 것이 아름답다 E. 슈마허/김진욱
36 관심의 불꽃 J. 크리슈나무르티/강옥구
37 종교는 필요한가 B. 러셀/이재황
38 불복종에 관하여 E. 프롬/문국주
39 인물로 본 한국민족주의 장을병
40 수탈된 대지 E. 갈레아노/박광순
41 대장정—작은 거인 등소평 H. 솔즈베리/정성호
42 초월의 길 완성의 길 마하리시/이병기
43 정신분석학 입문 S. 프로이트/서석연
44 철학적 인간 종교적 인간 황필호
45 권리를 위한 투쟁(외) R. 예링/심윤종·이주향
46 창조와 용기 R. 메이/안병무
47-1 꿈의 해석 (상) S. 프로이트/서석연
47-2 꿈의 해석 (하) S. 프로이트/서석연
48 제3의 물결 A. 토플러/김진욱
49 역사의 연구 ① D. 서머벨 엮음/박광순
50 역사의 연구 ② D. 서머벨 엮음/박광순
51 건건록 무쓰 무네미쓰/김승일
52 가난이야기 가와카미 하지메/서석연
53 새로운 세계사 마르크 페로/박광순
54 근대 한국과 일본 나카스카 아키라/김승일
55 일본 자본주의의 정신
   야마모토 시치헤이/김승일·이근원
56 정신분석과 듣기 예술 E. 프롬/호연심리센터
57 문학과 상상력 콜린 윌슨/이경식
58 에르푸르트 강령 칼 카우츠키/서석연
59 윤리와 유물사관(외) 칼 카우츠키/서석연

▶ 계속 펴냅니다

범우희곡선

연극으로 느낄 수 없는 시나리오의 진한 카타르시스
오랜 감동…!

1 세일즈맨의 죽음 아서 밀러/오화섭 옮김
2 코카시아의 백묵원 베르톨트 브레히트/이정길 옮김
3 몰리에르 희곡선 몰리에르/민희식 옮김
4 간계와 사랑 프리드리히 실러/이원양 옮김
5 욕망이라는 이름의 전차 테네시 윌리엄스/신정옥 옮김
6 에쿠우스 피터 셰퍼/신정옥 옮김
7 뜨거운 양철지붕 위의 고양이
   테네시 윌리엄스/오화섭 옮김
8 유리동물원 테네시 윌리엄스/신정옥 옮김
9 빌헬름 텔 프리드리히 실러/한기상 옮김
10 아마데우스 피터 셰퍼/신정옥 옮김
11 탤리 가의 빈집(외) 랜퍼드 윌슨/이영아 옮김
12 인형의 집 헨릭 입센/김진욱 옮김
13 산불 차범석 지음
14 황금연못 어네스트 톰슨/최현옮김
15 민중의 적 헨릭 입센/김석만 옮김
16 태(외) 오태석 지음
17 군도 프리드리히 실러/홍경호 옮김
18 유령 헨릭 입센 헨릭 입센/김진욱 옮김
19 느릅나무 밑의 욕망 유진 오닐/신정옥 옮김
20 지평선 너머 유진 오닐/오화섭 옮김
21 굴원 곽말약/김승일 옮김
22 채문희 곽말약/김승일 옮김
23 새야새야 파랑새야(외) 차범석 지음

▶ 계속 펴냅니다